Das Andere

Das Andere

Yasmina Reza
Felizes os felizes
Heureux les heureux

© Editora Âyiné, 2022
© Yasmina Reza, Flammarion, 2013

Tradução: Mariana Delfini
Preparação: Debora Fleck
Revisão: Andrea Stahel, Fernanda Morse
Imagem de capa: Julia Geiser
Projeto gráfico: Daniella Domingues, Luísa Rabello

ISBN 978-65-5998-08-40

Âyiné

Direção editorial: Pedro Fonseca
Coordenação editorial: Luísa Rabello
Direção de arte: Daniella Domingues
Coordenação de comunicação: Clara Dias
Assistência de design: Lila Bittencourt
Conselho editorial: Simone Cristoforetti, Zuane Fabbris, Lucas Mendes

Praça Carlos Chagas, 49. 2º andar. Belo Horizonte 30170-140
+55 31 3291-4164
www.ayine.com.br | info@ayine.com.br

Yasmina Reza

FELIZES OS FELIZES

TRADUÇÃO Mariana Delfini

Âyiné

Sumário

11	Robert Toscano
19	Marguerite Blot
25	Odile Toscano
31	Vincent Zawada
39	Pascaline Hutner
47	Paola Suares
55	Ernest Blot
61	Philip Chemla
67	Loula Moreno
73	Raoul Barnèche
81	Virginie Déruelle
89	Rémi Grobe
97	Chantal Audouin
103	Jean Ehrenfried
109	Damien Barnèche
115	Luc Condamine
123	Hélène Barnèche
129	Jeannette Blot
137	Robert Toscano
149	Odile Toscano
157	Jean Ehrenfried

Para Moïra

Felices los amados y los amantes y los que pueden prescindir del amor.
Felices los felices.
JORGE LUIS BORGES

Robert Toscano

Estávamos no supermercado, fazendo as compras para o fim de semana. Em determinado momento ela disse, vai para a fila do queijo enquanto eu pego o resto. Quando voltei, o carrinho estava cheio até a metade com cereais, bolachas, pacotinhos de comida em pó e sobremesas geladas, eu disse, para que tudo isso? — Como assim, para quê? Eu disse, qual o sentido disso tudo? Você tem filhos, Robert, eles adoram granola, eles adoram chocolatinhos, Kinder Ovo eles adoram, ela ia me mostrando os pacotes, eu disse, é um absurdo entupi-los de açúcar e gordura, esse carrinho é um absurdo, ela disse, que queijos você comprou? — Um de cabra de Chavignol e um morbier. Ela gritou, e o gruyère? — Eu esqueci e não vou voltar para pegar, tem gente demais lá. — Se for para comprar apenas um queijo, você sabe muito bem que é um gruyère que você tem que comprar, quem come morbier lá em casa? Quem? Eu, eu disse. — Desde quando você come morbier? Quem gosta de morbier? Eu disse, chega, Odile. — Quem gosta dessa merda de morbier?! Subentende-se «além da sua mãe», recentemente minha mãe encontrou uma porca de parafuso dentro de um morbier, eu disse, você está berrando, Odile. Ela empurrou o carrinho com força e jogou dentro dele um combo de três barras de Milka ao leite. Peguei as barras e as coloquei de volta na prateleira. Ela as colocou de volta no carrinho ainda mais rápido. Eu disse, vou embora. Ela respondeu, pode ir, vá embora, você só sabe falar que vai embora, é a sua única resposta, sempre que não tem mais argumento você diz vou embora, do nada brota essa ameaça grotesca. É verdade que muitas vezes digo vou embora, confesso que faço isso, mas não sei como poderia não dizer isso quando essa é a única coisa que me ocorre, quando não vejo mais nenhuma saída além da deserção imediata, mas confesso também que profiro isso com um tom, sim, de ultimato. Bom, você pegou tudo? pergunto a Odile, empurrando para frente o carrinho com um golpe seco, não temos que comprar mais nenhuma porcaria? — Olha como você fala comigo! Você se dá conta de como você fala comigo? Eu digo, anda. Anda! Nada me irrita mais que essas rusgas repentinas, em que tudo para, em que tudo se paralisa. É claro que eu poderia dizer, desculpa. Não apenas uma vez, seria preciso dizer duas vezes, no tom correto. Se eu dissesse desculpa duas vezes no tom correto, poderíamos continuar o dia mais ou menos normalmente, mas não tenho nenhuma vontade, nenhuma possibilidade fisiológica de dizer essas palavras quando ela para no meio de uma gôndola de temperos com uma expressão abismada de ultraje e desgosto. Anda, Odile, por favor, eu digo com uma voz comedida, estou com calor e preciso terminar um artigo. Peça desculpa, ela diz. Se ela dissesse peça desculpa com um tom normal eu poderia até acatar, mas ela sussurra, confere à voz uma inflexão branca, atonal, e não consigo passar por cima disso. Eu digo por favor, permaneço calmo, por favor, de uma maneira comedida, me vejo dirigindo a toda velocidade numa estrada, ouvindo *Sodade* ao fundo, uma canção que descobri recentemente e da qual não entendo nada, a não ser a solidão da voz e a palavra solidão repetida infinitamente, ainda que me digam que a palavra não significa solidão e sim nostalgia, e sim falta, e sim arrependimento, e sim *spleen*, tantas coisas íntimas e impossíveis de compartilhar que se chamam solidão, como chamam solidão o carrinho de supermercado de alguém, o corredor de azeites e vinagres e o homem suplicando para sua esposa debaixo da luz fria. Eu digo, desculpa. Desculpa, Odile. «Odile» não é necessário na frase. Claro. «Odile» não é agradável, acrescento «Odile» para assinalar minha impaciência, mas não esperava que ela desse meia-volta balançando os braços em direção aos produtos refrigerados, isto é, em direção ao fundo da loja, sem dizer uma palavra e deixando a bolsa dentro do carrinho. O que você está fazendo, Odile?, eu grito, tenho só mais duas horas para escrever um artigo muito importante sobre a nova corrida do ouro!, eu grito. Uma frase completamente ridícula. Ela desapareceu de vista. As pessoas olham para mim. Agarro o carrinho e corro até o fundo da loja, não a vejo (ela sempre teve o dom de desaparecer, mesmo em situações agradáveis), eu grito, Odile! Vou na direção das bebidas, ninguém: Odile! Odile! Percebo que estou incomodando as pessoas ao meu redor, mas não estou nem aí, percorro as gôndolas com o carrinho, detesto esses supermercados, e de repente a encontro, na fila do queijo, uma fila ainda maior que aquela de antes, ela se enfiou na fila do queijo! Odile, eu digo, uma vez perto dela eu me expresso com moderação, Odile, vai levar vinte minutos até chegar sua vez, vamos embora daqui o gruyère nós compramos em outro lugar. Nenhuma resposta. O que ela faz? Vasculha o carrinho e pega o morbier. Você não vai devolver o morbier, eu digo. — Vou, sim. Nós damos para a mamãe, digo para aliviar. Minha mãe encontrou recentemente uma porca de parafuso dentro de um morbier. Odile não sorri. Ela se mantém ereta e ofendida na fila dos penitentes. Minha mãe disse ao queijeiro, não sou uma mulher dada à maledicência, mas em nome da sua longevidade como queijeiro famoso devo lhe apontar que encontrei um parafuso no seu morbier, o sujeito não deu a mínima para ela, nem sequer deixou de cobrar pelos três rocamadours que ela comprou nesse dia. Minha mãe se vangloria de ter pagado sem protestar e de ter sido superior ao queijeiro. Eu me aproximo de Odile e digo, com voz baixa, vou contar até três, Odile. Vou contar até três. Você ouviu? E, por algum motivo, no momento em que digo isso, penso nos Hutner, um casal de amigos nossos que se enrodilharam num anseio de bem-estar conjugal, eles atualmente chamam um ao outro de «coração» e dizem frases do tipo «vamos comer bem esta noite, coração». Não sei por que os Hutner me vêm à mente, uma vez que estou tomado por uma loucura oposta, mas talvez não exista uma distância tão grande entre vamos comer bem esta noite meu amor e vou contar até três Odile, nos dois casos uma espécie de constrição da pessoa para conseguir ser dois, não há mais harmonia natural, quero dizer, no vamos comer bem meu amor, não, não, nem menos abismo, mas vou contar até três provocou um estremecimento no rosto de Odile, uma prega da boca, um princípio ínfimo de sorriso, ao qual não posso de forma alguma ceder é claro enquanto não tiver um explícito sinal verde, ainda que a vontade seja grande, mas preciso fingir que não vi nada, decido contar, eu digo *um*, eu o sussurro com clareza, a mulher bem atrás de Odile está assistindo de camarote, Odile empurra um resto de embalagem com a ponta do sapato, a fila aumenta e não anda de jeito nenhum, eu preciso dizer dois, eu digo *dois*, o dois é aberto, magnânimo, a mulher de trás gruda em nós, ela usa um chapéu, uma espécie de balde de ponta-cabeça em cima de um feltro mole, eu realmente não gosto de mulher que usa esse tipo de chapéu, é um péssimo sinal esse chapéu, passo a olhar para ela de um jeito que deveria fazê-la recuar um metro mas nada acontece, ela me observa com curiosidade, me olha de cima a baixo, e não é que ela fede de um modo atroz? As mulheres que vestem uma roupa por cima da outra sempre exalam um cheiro ruim ou é porque estamos perto dos laticínios fermentados? Dentro do paletó, meu celular vibra. Eu me contorço para ler o nome de quem está ligando, porque não tenho tempo de procurar meus óculos. É um colega do jornal que pode me dar uma informação privilegiada sobre as reservas de ouro do Bundesbank. Peço que ele me envie um e-mail pois estou numa reunião, é o que digo para abreviar a conversa. Talvez seja uma oportunidade, esse telefonema: me inclino e sussurro no ouvido de Odile, com uma voz de quem retoma suas responsabilidades, meu editor-chefe quer um box sobre o segredo de Estado das reservas alemãs, e até agora não tenho nenhuma informação sobre o assunto. Ela diz, e eu com isso? E afunda a cabeça nos ombros, franzindo os cantos da boca, para que eu visualize a irrelevância do assunto, mas, ainda mais grave, a irrelevância do meu trabalho, dos meus esforços de modo geral, como se não se pudesse esperar mais nada de mim, nem mesmo a consciência das minhas próprias renúncias. As mulheres aproveitam qualquer oportunidade para nos humilhar, elas adoram nos lembrar de que somos uma decepção. Odile acaba de avançar um passo na fila do queijo. Pegou de volta a bolsa e ainda segura firme o morbier. Estou com calor. Estou sufocando. Queria estar longe, já não sei mais o que estamos fazendo aqui nem por que viemos. Queria deslizar em cima de raquetes de neve no Oeste canadense, como Graham Boer, o garimpeiro de ouro, o herói do meu artigo, fincar estacas e sinalizar as árvores com um machado nos vales congelados. Será que esse Boer tem mulher e filhos? Um sujeito que enfrenta um urso-pardo e temperaturas de menos trinta não vai se aborrecer num supermercado na hora que todo mundo faz compras. Isso lá é lugar de homem?

Quem consegue circular por esses corredores de luz fria, de embalagens incontáveis, sem ceder ao desânimo? E saber que vamos voltar para cá, o ano todo, querendo ou não, arrastando o mesmo carrinho sob o comando de uma mulher cada vez mais autoritária. Há pouco tempo meu sogro, Ernest Blot, disse a nosso filho de nove anos, vou comprar uma caneta nova para você, você está sujando os dedos com essa. Antoine respondeu, não precisa, não preciso de mais uma caneta para ficar feliz. Eis o segredo, disse Ernest, ele entendeu, esse menino, reduzir a exigência de felicidade ao mínimo. Meu sogro é campeão desses provérbios quiméricos, nas antípodas de seu temperamento. Ernest jamais se permitiu reduzir minimamente seu potencial vital (esqueçamos a palavra felicidade). Sujeito ao ritmo de vida do convalescente depois das pontes de safena, confrontado com o reaprendizado modesto da vida e com o cativeiro doméstico que sempre evitou, ele sentiu que Deus em pessoa mirou nele e o abateu. Odile, se eu disser três, se eu pronunciar o número três, você não vai mais me ver, eu pego o carro e abandono você aqui com esse carrinho. Ela diz, duvido. — Você duvida, mas é isso que vou fazer dentro de dois segundos. — Você não pode ir embora com o carro, Robert, a chave está na minha bolsa. Vasculho meus bolsos de um modo ainda mais idiota ao me lembrar de ter eu mesmo me desvencilhado da chave. Me entregue a chave, por favor. Odile sorri. Ela cruza a bolsa no corpo e a trava contra a vitrine dos queijos. Eu me aproximo para puxar a bolsa. Puxo. Odile resiste. Puxo a alça. Ela a agarra no sentido contrário. Ela está achando divertido! Agarro o fundo da bolsa, não teria dificuldade alguma em arrancá-la se o contexto fosse outro. Ela ri. Segura firme. Ela diz, você não vai dizer três? Por que você não diz *três*? Ela me irrita. E essa chave na bolsa me irrita também. Mas adoro quando Odile fica assim. E adoro vê-la rir. Estou a ponto de relaxar e cair numa espécie de brincadeira quando escuto uma risadinha bem perto de nós e vejo a mulher de chapéu de feltro, embriagada de cumplicidade feminina, rindo abertamente, sem o menor embaraço. De repente não tenho mais escolha. Fico violento. Prenso Odile contra o acrílico e tento alcançar a abertura da bolsa, ela se debate, reclama que a estou machucando, eu digo, me dá essa chave, porra, ela diz, você está louco, arranco o morbier das mãos dela, o apoio na prateleira, acabo sentindo a chave na bagunça da bolsa, eu a retiro da bolsa, balanço a chave na frente dos olhos dela sem soltar seu braço, eu digo, vamos dar o fora daqui imediatamente. A mulher de chapéu agora está com uma expressão aterrorizada, eu digo a ela, e você, por que não está mais rindo? Puxo Odile e o carrinho, os conduzo ao longo das gôndolas, em direção ao caixa da saída, aperto com força seu punho ainda que ela não oponha nenhuma resistência, uma submissão que não tem nada de inocente, eu preferia ter de arrastá-la, acabo sempre por pagar quando ela veste sua fantasia de mártir. Tem fila no caixa, é claro. Entramos nessa fila de espera mortal, sem trocar palavra alguma. Soltei o braço de Odile, que finge ser uma cliente normal, eu a vejo inclusive fazer uma triagem das coisas no carrinho e organizá-las um pouco para facilitar o empacotamento. No estacionamento, não dizemos nada. Nem no carro. A noite cai. As luzes da estrada nos dão sono e coloco o CD da canção portuguesa com a voz da mulher que repete a mesma palavra infinitamente.

Marguerite Blot

Na longínqua época do meu casamento, no hotel onde passávamos o verão em família, havia uma mulher que víamos todo ano. Animada, elegante, cabelos grisalhos curtinhos. Onipresente, ela ia de grupo em grupo e cada noite jantava em uma mesa diferente. No fim da tarde, era comum vê-la com um livro. Ela se sentava num canto do saguão para ficar de olho em quem chegava e em quem saía. Ao menor sinal de um rosto conhecido, seu semblante se iluminava e ela agitava o livro como se fosse um lenço. Um dia, ela chegou com uma mulher alta, morena, que usava uma saia plissada vaporosa. Elas não se largavam. Almoçavam na frente do lago, jogavam tênis, jogavam baralho. Perguntei quem era aquela mulher e me disseram uma dama de companhia. Recebi essa expressão como se recebe uma expressão comum, uma expressão sem um significado específico. Todo ano, na mesma época, elas apareciam e eu pensava, ali está a sra. Compain e sua dama de companhia. Depois surgiu um cachorro, puxado pela guia por uma ou outra, mas parecia pertencer à sra. Compain. Viam-se os três sair de manhã, o cachorro as puxava adiante, e elas tentavam controlá-lo modulando com todos os tons o nome dele, sem sucesso algum. Em fevereiro, no inverno passado, portanto muitos anos depois, viajei para a montanha com meu filho já crescido. Ele esquia, é claro, com seus amigos, e eu faço caminhada. Adoro caminhar, adoro a floresta e o silêncio. No hotel me indicaram alguns passeios, mas não me arrisquei neles porque eram muito afastados. Não se pode ir longe demais, sozinha, na montanha e na neve. Pensei, rindo, que deveria colocar um anúncio na recepção, mulher sozinha procura alguém agradável que queira caminhar. Imediatamente me lembrei da sra. Compain e de sua dama de companhia e entendi o que queria dizer *dama de companhia*. Entender isso me deixou aterrorizada, porque a sra. Compain sempre havia me parecido uma mulher um pouco perdida. Mesmo quando estava rindo na companhia de outras pessoas. E talvez, pensando agora, sobretudo quando ela ria, ou quando se vestia para a noite. Eu me virei para meu pai, isto é, levantei os olhos para o céu e sussurrei, papai, não posso me tornar uma sra. Compain! Fazia muito tempo que não me dirigia ao meu pai. Desde que meu pai morreu, peço a ele que intervenha na minha vida. Olho para o céu e falo com ele numa voz secreta e veemente. É a única pessoa a quem consigo me dirigir quando me sinto impotente. Fora ele, não conheço ninguém no além que prestaria atenção em mim. Nunca me ocorre a ideia de falar com Deus. Sempre achei que não se podia incomodar a Deus. Não se pode falar diretamente com ele. Ele não tem tempo para se interessar por casos particulares. A menos que sejam casos excepcionalmente graves. Na escala das súplicas, as minhas são, por assim dizer, ridículas. Experimento o mesmo sentimento da minha amiga Pauline, quando perdeu um colar que tinha herdado da mãe e depois o encontrou no meio do mato. Passando por um povoado, o marido dela parou o carro para correr até a igreja. A porta estava fechada, e ele começou a chacoalhar o trinco freneticamente. O que você está fazendo? Quero agradecer a Deus, ele respondeu. — Deus não está nem aí! — Quero agradecer à Virgem Maria. — Olha, Hervé, se é que existe

Deus, se é que existe Virgem Maria, você acha que, diante de todo o universo, das desgraças terrenas e de tudo aquilo que acontece, eles se importam com meu colar?!... Então invoco meu pai, que me parece mais acessível. Peço a ele favores bem definidos. Talvez porque as circunstâncias me fazem desejar coisas precisas, mas, no fundo, também para medir as capacidades dele. É sempre o mesmo pedido de ajuda. Uma súplica por movimento. Mas meu pai é um zero à esquerda. Ele não me escuta ou não possui poder algum. Acho lamentável que os mortos não tenham nenhum poder. Sou contra essa divisão radical entre os mundos. De tempos em tempos atribuo a ele um conhecimento profético. Penso: ele não acata os meus pedidos porque sabe que eles não vão na direção do meu bem. Isso me irrita, tenho vontade de dizer, o que você tem a ver com isso, mas ao menos posso considerar sua não intervenção um ato deliberado. Foi isso que ele fez com Jean-Gabriel Vigarello, o último homem por quem me apaixonei. Jean-Gabriel Vigarello é um colega meu, professor de matemática no colégio Camille-Saint-Saëns, onde sou professora de espanhol. Retrospectivamente, penso que meu pai não errou. Mas o que é ver retrospectivamente? É a velhice. Os valores celestes do meu pai me exasperam, são muito burgueses, se paramos para pensar. Quando era vivo, ele acreditava nos astros, em casas mal-assombradas e em todo tipo de besteira esotérica. Meu irmão Ernest, embora faça de sua descrença um motivo de orgulho, a cada dia se parece mais com ele. Recentemente eu o ouvi dizer, como se fosse ideia sua, que «os astros influenciam, não predestinam». Meu pai adorava a citação, eu a tinha esquecido, ele acrescentava a ela, de um jeito quase ameaçador, o nome de Ptolomeu. Pensei, se os astros não predestinam, o que você, papai, poderia saber do futuro imanente? Eu me interessei por Jean-Gabriel Vigarello no dia em que reparei nos olhos dele. Não era fácil reparar neles, considerando seu corte de cabelo, os cabelos compridos, fazendo a testa sumir, um corte ao mesmo tempo feio e absurdo para qualquer pessoa da idade dele. Imediatamente pensei, esse homem tem uma esposa que não cuida dele (ele é casado, naturalmente). Não se deixa um homem de quase sessenta anos usar esse corte cabelo. E, sobretudo, diz-se a ele, não esconda os seus olhos. Olhos azuis acinzentados que mudam de cor conforme o dia, cintilantes como os lagos de altitude. Certa noite, me vi sozinha com ele em um café em Madri (havíamos organizado uma viagem a Madri com três turmas), tomei coragem e disse, você tem olhos muito doces, Jean-Gabriel, é uma loucura escondê-los desse jeito. Uma coisa levou a outra, depois dessa frase e de uma garrafa de Carta de Oro, fomos parar no meu quarto, que dava para um pátio com gatos que miavam. De volta a Rouen, ele imediatamente se enfiou de novo em sua vida normal. Nós nos cruzávamos nos corredores da escola como se nada tivesse acontecido, ele parecia estar sempre com pressa, a pasta na mão esquerda e o corpo inclinado para o mesmo lado, a franja grisalha cobrindo tudo, mais do que nunca. Considero bem patética essa maneira silenciosa que os homens têm de nos lançar de volta ao presente. Como se fosse preciso nos lembrar, para todos os efeitos, que a existência é descontínua. Pensei, vou deixar um bilhete no escaninho dele. Um bilhete despretensioso, espirituoso, incluindo uma lembrança de uma anedota madrilenha. Coloquei o bilhete numa manhã em que eu sabia que ele estaria lá. Nenhuma resposta. Nem nesse dia, nem dos dias seguintes. Nós nos cumprimentávamos como se nada tivesse acontecido. Fui tomada por uma espécie de tristeza, não posso dizer uma tristeza amorosa, não, estava mais para uma tristeza de abandono. Existe um poema de Borges que começa com «Ya no es mágico el mundo. Te han dejado». «Já não é mágico o mundo. Deixaram-te.» Ele diz *deixaram*, uma palavra cotidiana, que não faz barulho algum. Todo mundo pode deixar você, mesmo um Jean-Gabriel Vigarello que tem o mesmo corte de cabelo dos Beatles cinquenta anos depois. Pedi ao meu pai que interviesse. Nesse meio-tempo, escrevi outro bilhete, uma frase, «Não me esqueça completamente. Marguerite.» Achei o *completamente* ideal para dissipar seus temores, se ele os tivesse. Uma pequena lembrança com um tom jocoso. Falei para meu pai, eu sou bonita, mas você está vendo que nada acontece e que logo vou ser uma velha. Falei para meu pai, saio da escola às cinco da tarde, são nove agora, você tem oito horas para inspirar em Jean-Gabriel Vigarello uma resposta sedutora que vou encontrar no meu escaninho ou no meu celular. Meu pai não mexeu sequer um dedo. Retrospectivamente, dou razão a ele. Ele nunca aprovou meus arrebatamentos absurdos. Ele está certo. Escolhemos um rosto dentre outros, com o passar do tempo inventamos justificativas para nós mesmos. Todo mundo quer ter uma história para contar. Antigamente, eu me lançava ao futuro sem pensar nele. A sra. Compain era com certeza o tipo de mulher que tinha arrebatamentos absurdos. Quando vinha sozinha para o hotel, trazia várias malas. A cada dia era vista com um vestido diferente, um colar diferente. Ela tinha batom inclusive nos dentes, fazia parte de sua elegância. Ia de mesa em mesa, bebendo vinho com um grupo, depois com outro, muito animada, batendo papo, sobretudo com os homens. Nessa época eu estava com meu marido e meus filhos. Uma pequena cápsula, protegida, de onde se olha o mundo. A sra. Compain flutuava como uma mariposa. Nos cantos em que se manifestava uma luz, mesmo fraca, a sra. Compain surgia com suas asas rendadas. Desde a infância penso no tempo com imagens mentais. Vejo o ano como um trapézio isósceles. O inverno fica no alto, uma linha reta bem definida. O outono e a primavera se apoiam nele como uma saia. E o verão sempre foi um chão comprido e plano. Hoje tenho a impressão de que os ângulos amoleceram, a figura não é mais estável. Isso é um sinal de quê? Não posso me tornar uma sra. Compain. Vou ter uma conversa séria com meu pai. Vou dizer que ele tem uma oportunidade única de se manifestar, para o meu bem. Vou pedir a ele que reestabeleça a geometria da minha vida. Trata-se de algo bem simples e fácil de realizar. Você poderia, direi logo a ele, colocar no meu caminho alguém alegre, com quem eu possa rir e que goste de caminhar? Você com certeza conhece alguém que deixaria as pontas do cachecol bem esticadas e cruzadas dentro de um casaco antigo, alguém que me daria o braço, bem firme, e me levaria, sem nos perdermos, pela neve e pela floresta.

Odile Toscano

Ele se irrita com tudo. Com as opiniões, as coisas, as pessoas. Tudo. Não conseguimos mais sair de casa sem que a coisa degringole. Acabo convencendo-o a sair, mas, no fim das contas, quase sempre me arrependo. Nos despedimos das pessoas com brincadeiras idiotas, rimos no hall, e uma vez no elevador a frieza se instala imediatamente. Um dia seria preciso estudar esse silêncio, específico do carro, da noite, quando um casal volta para casa depois de ter exposto sua felicidade ao público, uma mistura de doutrinação e mentira para si mesmo. Um silêncio que não tolera nem mesmo o rádio, uma vez que, nessa guerra de antagonismo mudo, quem ousaria ligá-lo? Nesta noite, enquanto tiro a roupa, Robert, como sempre, se demora no quarto das crianças. Sei o que ele está fazendo. Está verificando se eles estão respirando. Ele se inclina e fica assim um tempo para conferir se não morreram. Depois, estamos no banheiro, os dois. Nenhuma conversa. Ele escova os dentes, eu tiro a maquiagem. Ele usa o vaso. Eu o encontro novamente quando está no quarto, sentado na cama; ele checa os e-mails no celular, ajusta o despertador. Então se esgueira para dentro do lençol e imediatamente apaga a luz que fica do lado dele. Eu me sento do outro lado da cama, ajusto meu despertador, besunto as mãos de creme, engulo um Stilnox, disponho sobre a mesa meus tampões de ouvido e meu copo d'água. Ajeito as almofadas, ponho os óculos e me acomodo confortavelmente para ler. Mal comecei e Robert, com um tom pretensamente neutro, diz, apaga, por favor. É a primeira palavra que ele pronuncia desde o hall de entrada de Rémi Grobe. Não respondo. Passados alguns segundos, ele se mexe e passa metade do corpo por cima de mim para apagar a luz da minha mesa de cabeceira. Consegue apagá-la. No escuro, bato no seu braço, nas costas, enfim, bato muitas vezes, e acendo de novo. Robert diz, faz três noites que não durmo, você quer que eu tenha um treco? Sem levantar os olhos do meu livro, digo, tome um Stilnox. — Não tomo essas porcarias. — Então não reclama — Estou cansado, Odile... Apaga. Apaga, porra. Ele se encolhe debaixo do lençol. Tento ler. Eu me pergunto se a palavra *cansado* na boca de Robert não teria contribuído para nos afastar mais do que qualquer outra coisa. Eu me recuso a atribuir a ela um significado existencial. Aceita-se que um herói da literatura se retire para a região das sombras, não um marido com quem se divide a vida doméstica. Robert acende de novo sua luz, arranca o lençol com uma brusquidão desproporcional e se senta na beira da cama. Sem se virar, ele diz, vou para um hotel. Fico calada. Ele não se mexe. Leio pela sétima vez «Pela luz que ainda penetrava pelas persianas fechadas, Gaylor viu o cachorro deitado debaixo da cadeira higiênica, o penico de esmalte lascado. Na parede em frente, um homem o observava tristemente. Gaylor se aproximou do espelho...» Quem é mesmo esse Gaylor? Robert está inclinado para a frente, ele me dá as costas. É nessa posição que ele entoa, o que eu fiz, falei demais? Sou agressivo? Bebo demais? Tenho papada? Vai, solta a ladainha. O que foi desta vez? Que você fala demais, com certeza, eu digo. — Foi um saco. Péssimo. — Não foi mesmo muito bom. — Foi terrível. Que raios ele faz da vida, esse Rémi Grobe? — Ele é consultor.

— Consultor! Quem foi o gênio que inventou essa palavra? Não sei por que a gente se impõe esses jantares absurdos. — Ninguém te obriga a ir. — Ah, não? — Não. — É claro que me obriga. E aquela estúpida de vermelho, que não sabe sequer que os japoneses não têm a bomba! — E daí? Quem precisa saber disso? — Quando a pessoa não conhece as forças de defesa japonesas, aliás, quem conhece?, não pode se meter numa conversa sobre as reivindicações de território no mar da China. Estou com frio. Tento puxar o edredom. Ao se sentar na beira da cama, Robert o prendeu sem querer. Eu puxo, ele não se levanta sequer um centímetro para me ajudar. Enquanto puxo, solto um pequeno gemido. É uma luta muda e completamente idiota. Ele enfim se levanta e sai do quarto. Volto à página anterior para entender quem é Gaylor. Robert retorna bastante rápido, vestiu de novo a calça. Ele procura as meias, as encontra, as coloca. Vai embora. Eu o ouço bisbilhotar no corredor e abrir um armário. Depois, parece que volta para o banheiro. Na página anterior, Gaylor discute nos fundos de uma oficina mecânica com um homem chamado Pal. Quem é esse Pal? Saio da cama. Visto as pantufas e vou ao encontro de Robert no banheiro. Ele vestiu uma camisa, sem abotoar, está sentado no rebordo da banheira. Eu pergunto, para onde você está indo? Ele age como um desesperado que diz, não sei, para qualquer lugar. Eu digo, você quer que eu faça uma cama para você na sala? — Não se preocupe comigo, Odile, vá deitar. — Robert, tenho quatro audiências nesta semana. — Me deixe, por favor. Eu digo, volte, eu apago a luz. Eu me vejo no espelho, Robert acendeu a luz ruim. Nunca acendo a luz do teto do banheiro, pelo menos não ao mesmo tempo que os spots do vaso sanitário. Eu digo, estou feia. Ela cortou meu cabelo curto demais. Robert diz, demais da conta. É o tipo de humor de Robert. Meio jocoso, meio perturbador. A ideia é me fazer rir, mesmo nos piores momentos. E também me perturbar. Eu digo, você está falando sério? Robert diz, ele é consultor do quê, esse idiota? — De quem você está falando? — Do Rémi Grobe. — De arte, de imóveis, não sei direito. — Um sujeito que faz de tudo um pouco. Ou seja, um bandido. Ele não é casado? — Divorciado. — Você acha ele bonito? Do corredor, ouvem-se um deslizar e uma vozinha: mamãe? O que é que ele tem?, pergunta Robert, como se eu soubesse, e com essa inflexão de ansiedade repentina que me irrita. Estou aqui, Antoine, eu digo, com o papai, no banheiro. Antoine aparece, de pijama, choroso. — Perdi a Naná. De novo!, eu digo, você vai perder a Naná toda noite agora? Às duas da manhã, não dá para a gente se preocupar com a Naná, Antoine, a gente vai é nanar! O rosto de Antoine vai se franzindo quase em câmera lenta. Quando seu rosto se franze assim, é impossível segurar o choro. Robert diz, mas por que você está brigando com o coitado? Não estou brigando, eu digo, convocando depois dessa frase toda a minha capacidade de autocontrole, mas não entendo por que não damos um jeito de prender essa Naná. Basta prendê-la durante a noite! Não estou brigando com você, meu amor, mas agora não é hora de se preocupar com a Naná. Vamos, volte para a cama. Voltamos para o quarto dos meninos. Antoine choramingando *Nanáááá*, Robert e eu em fila indiana no corredor. Entramos no quarto. Simon está dormindo. Peço a Antoine que se acalme para não acordar o irmão. Robert cochicha, vamos encontrá-la, meu esquilinho. Você vai prender a Naná?, Antoine resmunga, sem a menor preocupação em baixar a voz. Não vou prendê-la, meu esquilinho, diz Robert. Acendo a luz da mesa de cabeceira e digo, mas por que não? Podemos prendê-la de noite de um jeito que seja confortável para ela. Ela não vai sentir nada e você pode ficar puxando um cordãozinho... Antoine começa a gemer feito uma sirene. Poucas crianças têm uma modulação de choro tão penosa. Shhhhiu!, eu digo. O que está acontecendo?, diz Simon. — Pronto! Você acordou o seu irmão, parabéns! — O que vocês estão fazendo? A Naná sumiu, diz Robert. Simon olha para nós, olhos semiabertos, como se fôssemos idiotas. Ele está certo. Eu me agacho para procurar debaixo da cama. Passo a mão por todos os cantos porque não dá pra enxergar direito. Robert vasculha o edredom. Com a cabeça debaixo da cama, eu resmungo, não entendo por que você não dorme de madrugada! Isso não é normal. Aos nove anos, as pessoas dormem. De repente eu a sinto, presa entre as ripas do estrado e o colchão. Encontrei, encontrei. Está aqui! Essa Naná é um pé no saco!... Antoine gruda o bicho de tecido na boca. — Vamos, para a cama! Antoine se deita. Dou um beijo nele. Simon se enrola no lençol e se vira como alguém que acabou de assistir a uma cena deprimente. Apago a luz. Começo um movimento para puxar Robert para fora do quarto. Mas Robert não arreda o pé. Ele quer compensar a secura da mãe. Quer reestabelecer a harmonia no quarto encantado da infância. Eu o vejo se inclinar sobre Simon e beijá-lo na nuca. Depois, na penumbra que escureço ao máximo puxando a porta, ele se senta na cama de Antoine, o aconchega, o aninha na coberta, escora a Naná para que ela não escape. Eu o ouço sussurrar palavras suaves, me pergunto se ele não começou uma historinha da floresta do Mestre Janvier. Antigamente, os homens saíam para caçar leões ou conquistar terras. Espero na soleira, mexendo na porta para assinalar minha exasperação, apesar de a minha postura marmórea ser já bastante eloquente. Robert enfim se levanta. Voltamos para o corredor em silêncio. Robert entra no banheiro e eu, no quarto. Volto para a cama. Coloco meus óculos. «Pal estava sentado atrás de sua escrivaninha. Suas mãos roliças postadas no mata-borrão sujo. Naquela manhã, ele informou a Gaylor, Raoul Toni havia entrado na oficina...» Quem é Raoul Toni? Meus olhos fecham. Eu me pergunto o que Robert está fazendo no banheiro. Escuto o som de passos. Ele aparece. Tirou a calça. Quantas vezes na vida a repetição desse tira e põe insano e ameaçador? Eu digo, você acha normal que ele ainda tenha um bicho de pelúcia aos nove anos? — Claro que sim. Eu com dezoito anos ainda tinha um desses. Sinto vontade de rir, mas não demonstro. Robert tira as meias e a camisa. Apaga a luz da cabeceira e escorrega para dentro do lençol. Acho que sei quem é Gaylor. Gaylor é o sujeito contratado para encontrar a filha de Joss Kroll, e me pergunto se Raoul Toni não tinha aparecido no início, no bingo... Meus olhos fecham. Esse romance policial é péssimo. Retiro os óculos, apago a luz. Eu me viro para a mesa de cabeceira. Percebo que não puxei a cortina o suficiente e vai entrar luz cedo demais. Paciência. Eu digo, por que Antoine acorda de madrugada? Robert responde, porque ele não encontra a Naná. Ficamos ambos, um de cada lado da cama, olhando por um momento para as paredes opostas. Então eu me viro, mais uma vez, e grudo meu corpo no dele. Robert coloca a mão nas minhas costas e diz, eu deveria te prender também.

Vincent Zawada

Enquanto aguarda a sessão de radioterapia na clínica Tollere Leman, minha mãe analisa cada paciente da sala de espera e diz, com uma voz mal contida, é peruca, é peruca, não tenho certeza, não é peruca, não é peruca... Mamãe, mamãe, mais baixo, eu digo, todo mundo está te ouvindo. O que você disse? Você fala para dentro, não entendo nada, diz minha mãe. — Você colocou o aparelho? — O quê? — Você colocou seu aparelho de ouvido? Por que você não coloca? — Porque preciso tirá-lo durante a sessão. — Coloque-o enquanto espera, mamãe. Ele não serve para nada, diz minha mãe. Sentado perto dela, um homem sorri para mim com simpatia. Nas mãos ele segura uma boina xadrez Príncipe de Gales e sua pele pálida harmoniza com um terno de corte inglês obsoleto. De toda forma, diz minha mãe vasculhando a bolsa, eu nem trouxe o aparelho. De volta à sua condição de observadora, ela baixa um pouco a voz para dizer, aquela ali não chega ao fim do mês, olha, eu não sou a mais velha, que alívio... Mamãe, por favor, eu digo, pare, olha só, tem um quiz divertido aqui no *Le Figaro*. — Bom, se for pra te deixar feliz... — Que legume, até então desconhecido na França, a rainha Catarina de Médici introduziu na corte? Alcachofra, brócolis ou tomate? Alcachofra, diz minha mãe. — Alcachofra, muito bem. Qual foi o primeiro trabalho de Greta Garbo, quando ela tinha catorze anos? Aprendiz em uma barbearia, dublê de iluminação de Shirley Temple em *Dada em penhor* ou escamadora de arenque em uma peixaria em Estocolmo, sua cidade natal? Escamadora de arenque em Estocolmo, diz minha mãe. — Aprendiz em uma barbearia. Olha só, diz minha mãe, como eu sou idiota, desde quando arenque tem escamas?! Desde sempre, senhora, se me permite, intervém o homem sentado perto dela, cuja gravata cinza de bolinhas cor-de-rosa eu também noto, o arenque sempre teve escamas. O quê?, diz minha mãe, não, não, os arenques não têm escamas, são como as sardinhas. As sardinhas também sempre tiveram escamas, diz o homem. As sardinhas têm escamas, essa é novidade, diz minha mãe, sabia disso, Vincent? Assim como as anchovas e as espadilhas, o homem acrescenta, de toda forma deduzo que a senhora não come comida kasher! Ele ri e me inclui em sua tentativa de familiaridade. Apesar de seus dentes amarelados e do cabelo ralo e grisalho, ele tem um certo estilo. Aceno com a cabeça, amável. Pois felizmente, responde minha mãe, felizmente não como comida kasher, já basta meu apetite quase inexistente. Quem é seu médico?, pergunta o homem, desatando de leve a gravata de bolinhas, o corpo já configurado para a conversa. Dr. Chemla, diz minha mãe. Philip Chemla, o melhor, não há outro melhor que ele, ele cuida de mim há seis anos, diz o homem. De mim, há oito, diz minha mãe, orgulhosa de ser cuidada há mais tempo. Pulmão também?, pergunta o homem. Fígado, responde minha mãe, primeiro seio, depois fígado. O homem acena a cabeça como quem já escutou essas coisas infinitas vezes. O senhor sabe, eu sou muito atípica, prossegue minha mãe, não faço nada igual aos outros, Chemla sempre me diz, Paulette (ele me chama de Paulette, sou a queridinha dele), a senhora é tão atípica, traduzindo, a senhora já deveria ter batido as botas há muito tempo. Minha mãe solta uma risada, o homem também.

Quanto a mim, eu me pergunto se não está na hora de voltar ao quiz. Ele é maravilhoso, é verdade, continua minha mãe, agora incontrolável, e pessoalmente o acho bastante sedutor. A primeira vez que o vi, eu disse, o senhor é casado, doutor? Tem filhos? Não, não tenho. Eu disse, o senhor gostaria que eu mostrasse como fazê-los? Aperto a mão dela, cuja pele está seca e alterada pelos remédios, e digo, mamãe, veja bem. O quê, diz minha mãe, é verdade, ele ficou encantado, riu feito louco, como raramente vi um oncologista rir. O homem faz que sim. Ele diz, é um grande homem, Chemla, um *mensch*. Um dia, nunca vou esquecer, ele disse essa frase, quando alguém entra no meu consultório, eu me sinto honrado. A senhora sabia que ele não tem nem quarenta anos? Minha mãe não está nem aí. Ela prossegue em seu rompante como se não tivesse ouvido nada. Na sexta, ela fala cada vez mais alto, eu disse a ele, o dr. Ayoun (meu cardiologista) é um médico muito melhor que o senhor, ah, disso eu duvido, mas ele é, ele elogiou meu chapéu novo imediatamente enquanto o senhor, doutor, nem sequer reparou nele. Preciso me mexer. Eu me levanto e digo, mamãe, vou perguntar à secretária quanto tempo falta para a sua vez. Minha mãe se vira para seu novo amigo: ele vai fumar, meu filho vai sair para fumar um cigarro, a verdade é essa, diga a ele que ele está se matando aos pouquinhos, aos quarenta e três anos. Bom, assim vamos acabar morrendo juntos, mamãe, eu digo, veja pelo lado positivo. Engraçadinho, diz minha mãe. O homem de gravata de bolinhas aperta as narinas e inspira como alguém que se prepara para proferir uma fala definitiva. Interrompo para esclarecer que não vou sair para fumar, ainda que uma injeção de nicotina fosse me cair muito bem, mas vou apenas falar com a secretária. Quando retorno, informo minha mãe que ela fará sua radioterapia em dez minutos e que o dr. Chemla ainda não chegou. Ah, típico do Chemla, todo enrolado com as horas, ele não consegue imaginar que temos uma vida para além disto aqui, diz o homem, feliz por fazer o som de sua voz ser ouvido novamente e com a esperança de ganhar a partida. Mas minha mãe já voltou a atacar: eu me dou muito bem com a secretária, ela sempre me agenda nos primeiros horários, eu a chamo pelo nome, Virginie, ela me adora, acrescenta minha mãe em voz baixa, eu digo a ela, seja boazinha, me dê o primeiro horário, minha querida Virginie, e ela gosta, se sente valorizada. Vincent, meu bem, será que não deveríamos lhe trazer chocolates da próxima vez? Por que não?, eu digo. — O quê? Você fala para dentro. Eu digo, é uma boa ideia. Poderíamos ter nos desfeito dos biscoitos amanteigados da Roseline, diz minha mãe, nem cheguei a abrir a caixa. Ela não sabe prepará-los, parece que estamos comendo areia. Coitada da Roseline, está parecendo um molho de chaves com tremedeira. Sabe que ela virou outra pessoa depois que a filha desapareceu no tsunami, ela é um dos vinte e cinco corpos que nunca foram encontrados, Roseline acredita que ela ainda está viva, isso me dá nos nervos às vezes, tenho vontade de dizer a ela, sim, com certeza, está sendo criada por chimpanzés que provocaram uma amnésia nela. Eu digo, mamãe, deixe de ser maldosa. — Não sou maldosa, mas é preciso ser fatalista também, todos sabemos que o mundo é um vale de lágrimas. Vale de lágrimas, uma expressão do seu pai, você se lembra? Respondo, sim, me lembro. O homem de gravata de bolinhas parece ter mergulhado em pensamentos bastante sombrios. Ele se inclinou para a frente, e noto uma muleta apoiada ao lado de sua cadeira. Me ocorre que ele deve estar sentindo dor em alguma parte do corpo e penso que outras pessoas nesta sala de espera no subsolo da clínica Tollere Leman também devem estar sentindo alguma dor em segredo. O senhor sabe, diz minha mãe de repente, inclinando-se na direção do homem com uma expressão surpreendentemente séria, meu marido era obcecado por Israel. O homem se apruma e ajeita seu paletó listrado. Os judeus são obcecados por Israel, eu não, eu não sou nada obcecada por Israel, mas meu marido era. Tenho dificuldade em acompanhar minha mãe nessa guinada. A menos que ela esteja querendo corrigir o equívoco dos peixes sem escamas. Sim, talvez ela esteja especificando que toda a sua família é judia, inclusive ela, apesar de ignorar as regras elementares. O senhor também é obcecado por Israel?, minha mãe pergunta. Naturalmente, responde o homem. Gosto desse laconismo. Se dependesse apenas de mim, eu poderia dissertar sobre o aspecto insondável dessa resposta. Minha mãe tem um outro entendimento das coisas. Quando conheci meu marido, ele não tinha um tostão, ela diz, a família dele tinha um armarinho na rue Réaumur, minúsculo, uma espelunca. No fim da vida, ele era atacadista, tinha três lojas e um prédio de apartamentos. Ele queria deixar tudo para Israel. — Mamãe, o que deu na senhora? Que história é essa? É verdade, diz minha mãe, e nem se dá ao trabalho de virar para mim, nós éramos uma família muito unida, muito feliz, a única mácula era Israel. Um dia eu disse a ele que os judeus não precisavam de um país, só faltou ele me bater. Outra vez Vincent quis descer o Nilo, ele o pôs para fora de casa. O homem se prepara para fazer uma observação, mas não é suficientemente rápido, enquanto ele abre os lábios pálidos minha mãe já emendou outro assunto. Chemla quer me prescrever um novo tratamento. Não aguento mais o Xynophren. Minhas mãos ficam em frangalhos, olha só. Ele quer que eu retome uma quimio intravenosa que vai me fazer perder o cabelo. Mamãe, não é sempre que o cabelo cai, eu intervenho, Chemla disse que acontece uma em cada duas vezes. Uma em cada duas é duas em cada duas, diz minha mãe, descartando minha afirmação com um gesto, mas eu não quero morrer como em Auschwitz, não quero acabar com a cabeça raspada. Se fizer esse tratamento, posso dar adeus ao meu cabelo. Na minha idade, não tenho mais tempo para vê-los crescer de novo. Também posso dar adeus aos meus chapéus. Minha mãe balança a cabeça com uma expressão desiludida. Ela fica sentada bem ereta enquanto fala sem parar, o pescoço tenso como uma menininha comportada. Eu não me iludo, sabe, ela diz. Se estou aqui batendo papo com o senhor nesta sala horrível, é para agradar meus filhos e o dr. Philip Chemla. Eu sou a queridinha dele, ele quer continuar cuidando de mim. Cá entre nós, essa radioterapia não serve para nada, nada. Ela supostamente me devolveria a visão de antes, só que a cada dia enxergo menos. Não diga isso, mamãe, eu falo, já te explicaram que o resultado não é imediato. O que você está dizendo?, diz minha mãe, você fala para dentro. O resultado não é instantâneo, eu repito. Não é instantâneo quer dizer que não é garantido, diz minha mãe. A verdade é que Chemla não tem certeza de nada. Ele está experimentando. Sirvo de cobaia para ele, bom, alguém tem que fazer esse papel. Sou fatalista. No leito de morte, meu marido me perguntou se eu ainda era inimiga de Israel, a pátria do povo judeu. Respondi, não, claro que não. O que se pode dizer a um homem que logo não estará mais aqui? Dizemos o que ele quer ouvir. É esquisito se apegar a valores idiotas. Nos últimos minutos, quando tudo está prestes a desaparecer. A pátria, quem precisa de uma pátria? Mesmo a vida, depois de algum tempo, é um valor idiota. Mesmo a vida, o senhor não acha?, diz a minha mãe, suspirando. O homem pensa. Ele poderia responder, pois minha mãe parece ter suspendido seu blá-blá-blá numa nota curiosamente meditativa. Neste momento uma enfermeira chama o sr. Ehrenfried. O homem pega sua muleta, sua boina xadrez Príncipe de Gales e um casaco de loden que estava na cadeira ao lado. Ainda sentado, inclina-se na direção da minha mãe e sussurra: a vida, talvez, mas não Israel. Então ele apoia o braço na muleta e se levanta com dificuldade. O dever me chama, ele diz, se inclinando, Jean Ehrenfried, foi um prazer. Percebe-se que cada movimento lhe é custoso, mas seu rosto permanece sorridente. O chapéu que a senhora está usando hoje, ele acrescenta, é o mesmo que lhe rendeu os elogios do cardiologista? Minha mãe põe a mão no chapéu para verificar. Não, não, este é o lince. O do dr. Ayoun é uma espécie de Borsalino com uma rosa de veludo preto. Eu a cumprimento, da minha parte, por este de hoje, ele enobreceu esta sala de espera, diz o homem. É apenas um toque de lince, minha mãe diz, feliz da vida, eu o tenho há quarenta anos, ainda me cai bem? À perfeição, diz Jean Ehrenfried, fazendo uma pirueta com a boina, para cumprimentá-la. Nós o observamos caminhar e desaparecer atrás da porta da radioterapia. Minha mãe mergulha suas mãos machucadas na bolsa. Tira de lá um pó compacto e um batom e diz, coitado, ele manca, eu me pergunto se esse homem não se apaixonou por mim.

Pascaline Hutner

Nós não vimos os sinais. Não percebemos que poderia chegar a esse ponto. Não. Nem Lionel, nem eu. Estamos sozinhos e desamparados. Com quem podemos falar disso? Precisamos conseguir falar, mas a quem confiar um segredo desses? Teríamos que contar para pessoas de confiança, muito compassivas, que não fizessem nenhum tipo de piada sobre o assunto. Não suportamos a menor insinuação de piada sobre o assunto, ainda que tenhamos consciência, Lionel e eu, de que, se não fosse nosso filho, poderíamos rir disso tudo. E até mesmo, para ser sincera, aposto que riríamos publicamente na primeira oportunidade. Não contamos nem para Odile e Robert. Os Toscano são nossos amigos desde sempre, embora não seja assim tão fácil manter uma amizade entre casais. Quer dizer, uma amizade profunda. Afinal, as únicas relações verdadeiramente íntimas entre as pessoas só se desenvolvem a dois. Teríamos que dar um jeito de nos encontrar separadamente, só as mulheres ou só os homens, ou talvez até mesmo de maneira cruzada (se é que Robert e eu teríamos algo a dizer em privado). Os Toscano tiram sarro do nosso lado fusional. Eles desenvolveram em relação a nós uma forma de ironia permanente que no fim das contas me exaure. Não podemos mais dizer uma palavra sequer sem que eles colem a nós a imagem de um casal cristalizado num bem-estar sufocante. Outro dia, tive a infelicidade de dizer que tinha preparado um linguado com crosta (estou fazendo um curso de culinária, eu me divirto). Um linguado com crosta?, perguntou Odile, como se eu tivesse falado numa língua estrangeira. — Sim, um linguado com crosta com forma de peixe. — Mas vocês estavam em quantos? Eu disse, nós dois, Lionel e eu, para nós dois. Só para vocês dois, que loucura!, disse Odile. Minha prima Josiane que estava conosco disse, qual o problema, eu faria um linguado com crosta apenas para mim. Apenas para você, é, aí já é outro patamar, acrescentou Robert, um linguado com crosta folhada em forma de peixe apenas para si mesma, aí, sim, alcançamos dimensões trágicas. Normalmente, finjo que não entendi para a coisa não azedar. Lionel não dá a mínima. Quando comento com ele, ele me diz estão com inveja e que a felicidade dos outros pode agredir certas pessoas. Se contássemos pelo que estamos passando, imagino que ninguém sentiria inveja. Mas é exatamente porque encarnamos uma imagem de harmonia que é tão difícil confessar a catástrofe. Imagino os comentários maldosos de gente como os Toscano. É preciso retroceder um pouco para entender a situação. Nosso filho, Jacob, que acaba de comemorar seus dezenove anos, sempre adorou a cantora Céline Dion. Digo sempre porque esse arrebatamento data de sua mais tenra idade. Um dia, a criança ouviu no carro a voz de Céline Dion. Foi paixão à primeira vista. Compramos o álbum para ele, depois o seguinte, a parede ficou coberta de pôsteres e começamos a conviver com um fã mirim, como imagino existirem milhares no mundo. Logo fomos convidados aos shows que aconteciam em seu quarto. Jacob se vestia de Céline com um dos meus macacões e cantava, em playback, por cima da voz dela. Lembro que ele confeccionou uma cabeleira desenrolando as fitas magnéticas dos minicassetes da época. Não sei dizer com certeza se Lionel gostava pra valer desse espetáculo todo, mas era muito divertido. Já tínhamos que aguentar as piadinhas de Robert, que nos parabenizava pela nossa tolerância e mente aberta. Mas era muito divertido. Jacob cresceu. Pouco a pouco, ele não se contentava mais em cantar como ela, mas passou a falar como ela e dar entrevistas olhando para o nada, com um sotaque canadense. Ele imitava Céline, e imitava também René, o marido dela. Era engraçado. Nós dávamos risada. A imitação que ele fazia dela era perfeita. Nós fazíamos uma pergunta, quer dizer, falávamos com Jacob e ele respondia como se fosse Céline. Era muito divertido. Era muito divertido. Não sei como foi que degringolou. Como passamos de uma paixão pueril para essa... não sei como dizer... essa perturbação do espírito? Do ser?... Certa noite, estávamos os três sentados à mesa da cozinha, e Lionel disse para Jacob que estava cansado de vê-lo bancar o palhaço com aquele sotaque quebecoise. Eu tinha preparado uma receita de porco com lentilhas. Normalmente os dois adoram, mas havia algo de triste no ar. Uma sensação comparável àquela que se pode ter na intimidade, quando o outro se fecha em si mesmo e você vê nisso um presságio de abandono. Jacob fingiu não entender a palavra palhaço. Respondeu para o pai, com seu sotaque do Québec, que apesar de morar na França há algum tempo, ele era canadense e não tinha intenção de renegar suas origens. Lionel subiu o tom, dizendo que a brincadeira estava perdendo a graça, e Jacob replicou que não podia «discutir» porque precisava proteger suas cordas vocais. A partir dessa noite terrível, começamos a conviver com Céline Dion no corpo de Jacob Hutner. Não éramos mais chamados de papai e mamãe, mas Lionel e Pascaline. E não tivemos mais nenhuma relação com nosso filho real. No início, pensamos que fosse uma crise passageira, os adolescentes são suscetíveis a esses pequenos delírios. Mas quando

Bogdana, a faxineira, veio nos dizer que ele havia solicitado, com muita delicadeza, um umidificador para a voz (ela estava prestes a considerá-lo bastante modesto, para uma estrela tão grandiosa), percebi que as coisas estavam desandando. Sem dizer nada a Lionel, os homens às vezes são pragmáticos demais, consultei um magnetizador. Já tinha ouvido falar de pessoas possuídas por entidades. O magnetizador explicou que Céline Dion não era uma entidade. E que, consequentemente, ele não era capaz de fazê-la desgrudar de Jacob. A entidade é uma alma errante que se prende a um ser vivo. Ele não podia libertar um homem habitado por alguém que canta todas as noites em Las Vegas. O magnetizador me aconselhou a procurar um psiquiatra. A palavra psiquiatra ficou presa na minha garganta como um tampão. Levei algum tempo para conseguir pronunciá-la em casa. Lionel se mostrou mais lúcido. Eu nunca poderia ter enfrentado essa provação sem a estabilidade de Lionel. Meu marido. Meu amor. Um homem fiel a si mesmo, que nunca se colocou à frente dos outros e não se sente atraído por caminhos tortuosos. Certa vez Robert disse a seu respeito, é um homem que procura a alegria, que busca a felicidade, mas uma felicidade que eu chamaria de «cúbica». Nós rimos de como o termo era maldoso, cheguei a dar um tapa em Robert. Mas, sim, afinal de contas, cúbica. Sólida. Firme sob todos os ângulos. Conseguimos levar Jacob a um psiquiatra, fazendo-o crer que se tratava de um otorrino. O psiquiatra recomendou uma internação em uma clínica. Fiquei atordoada ao ver a facilidade com que se podia manipular nosso filho. Jacob cruzou alegremente a porta da instituição psiquiátrica, convencido de que entrava num estúdio de gravação. Uma espécie de estúdio-hotel, reservado às estrelas do seu naipe, para que não precisassem fazer o trajeto toda manhã. No primeiro dia, ao entrar no quarto vazio e branco, estive a ponto de me jogar aos seus pés para implorar que me perdoasse a traição. Dissemos a todos que Jacob tinha ido fazer um estágio no exterior. A todos, inclusive aos Toscano. A única pessoa que sabe do nosso segredo é Bogdana. Ela insiste em preparar para ele bolos sérvios de nozes e sementes de papoula, nos quais Jacob nem toca, porque não gosta mais das coisas que antes adorava. Fisicamente, ele continua normal, não imita uma mulher. É muito mais profundo que uma imitação. Lionel e eu passamos a chamá-lo de Céline. Entre nós, chegamos a dizer *ela*. O dr. Igor Lorrain, o psiquiatra que trata dele na clínica, nos conta que ele não fica triste, a não ser quando vê as notícias. Está obcecado pela arbitrariedade de sua sorte e de seu privilégio. As enfermeiras se perguntam se não deveriam tirar a televisão dele, pois ele chora ao ver os telejornais da noite, inclusive com a notícia de uma colheita destruída pelo granizo. O psiquiatra se preocupa também com outro aspecto do comportamento dele. Jacob desce ao hall para dar autógrafos. Ele enrola várias echarpes no pescoço para não se resfriar, de olho na turnê mundial, brinca o médico (não gosto muito desse médico) e se coloca diante da porta giratória, convencido de que as pessoas que entram na clínica percorreram quilômetros para vê-lo. Ele estava lá quando chegamos ontem de tarde. Eu o vi, do carro, antes de chegar no estacionamento. Inclinado na direção de uma criança, atrás dos vidros da porta giratória, extremamente simpático, rabiscava alguma coisa num caderninho. Lionel conhece os meus silêncios. Depois de estacionar o carro, ele olhou para os plátanos e disse, ele está de novo ali embaixo? Acenei com a cabeça e nos abraçamos, sem conseguir falar nada. O dr. Lorrain nos disse que Jacob o chama de Humberto. Explicamos que, sem dúvida, ele o tomava por Humberto Gatica, seu engenheiro de som, enfim, quer dizer, o engenheiro de som de Céline. Faz bastante sentido, se paramos para pensar, pois ambos se parecem com o cineasta Steven Spielberg. Também ouvimos Jacob chamar de Oprah (de Oprah Winfrey) a enfermeira da Martinica, que se curva como se estivesse lisonjeada. Hoje foi um dia tão difícil. De cara ele nos disse, com sua pronúncia que nunca consigo imitar, vocês não parecem muito contentes, Lionel e Pascaline. Eu, que tenho muita empatia pelas pessoas, me sinto mal de vê-los assim. Vocês gostariam que eu cantasse alguma coisa para animá-los? Dissemos que não, que ele devia descansar a voz, que já tinha trabalho suficiente com as gravações, mas mesmo assim ele quis cantar. Nos colocou lado a lado, como fazia quando era pequeno, Lionel em um banquinho, eu na poltrona de courino. E se pôs a cantar, de pé à nossa frente, num ritmo muito bom, uma música que se chama *Love Can Move Mountains*. No fim, fizemos o mesmo que fazíamos quando ele era pequeno, aplaudimos muito alto. Lionel passou o braço pelo meu ombro para me impedir de ter um treco. Quando estávamos indo embora, de noite, ouvimos conversas com sotaque canadense no corredor. É David Foster, venha ver! Será que Humberto desceu? Pergunte a Barbra!... Essa é outra que deveria fazer um *two years break*!... Ouvimos risadinhas e entendemos que os cuidadores se divertiam macaqueando Céline e seu *entourage*. Lionel não aguentou. Entrou na sala de onde vinham as risadas e disse com uma voz solene, que imediatamente pareceu ridícula até mesmo para mim, eu sou o pai de Jacob Hutner. Houve um silêncio. Ninguém sabia o que dizer. E eu disse, venha, Lionel, não tem problema. Os enfermeiros começaram a se desculpar, gaguejando. E eu puxei meu marido pela manga. Não sabíamos mais nem onde ficava o elevador, descemos desorientados pelas escadas que ressoavam com nossos passos. Do lado de fora já era quase noite, e chovia um pouco. Enfiei as luvas e Lionel se pôs a caminhar em direção ao estacionamento sem sequer me esperar. Eu disse, me espere, meu amor. Ele se virou, os olhos apertados por causa das gotas de chuva, e achei ele tão pequeno e os cabelos, ralos, sob a luz do poste. Pensei, precisamos retomar nossa vida normal, Lionel precisa voltar ao escritório, precisamos recuperar a alegria. No carro, eu disse que estava com vontade de ir à cantina russa beber vodca e comer pirojki. E então perguntei, quem você acha que é Barbra? Barbra Streisand, disse Lionel. — Sim, mas na clínica. Você acha que é a chefe do andar, aquela de nariz grande?

Paola Suares

Sou muito sensível à luz. Quero dizer, psicologicamente. Eu me pergunto se todo mundo é de certa forma sensível à luz, ou se a minha é uma vulnerabilidade particular. Com a luz exterior, consigo lidar. Com um tempo triste, consigo lidar. O céu é para todos. Os homens atravessam a mesma neblina. Os interiores fazem você se voltar para dentro de si mesmo. A luz dos espaços fechados é um ataque pessoal a mim. Ela acerta os objetos e a minha alma. Algumas luzes me privam de qualquer sentimento de futuro. Quando era criança, eu comia numa cozinha que dava para um pátio interno. A luz que vinha do teto tornava tudo sorumbático e me dava a sensação de ter sido esquecida pelo mundo. Quando chegamos, umas oito da noite, ao hospital do 10º *arrondissement* onde Caroline tinha acabado de parir, perguntei a Luc se queria subir comigo, mas ele respondeu que preferia esperar no carro. Perguntou se eu demoraria muito e eu disse, não, não, ainda que essa pergunta me tivesse parecido um pouco deslocada, para não dizer grosseira. Chovia. A rua estava deserta. O hall da maternidade também. Bati à porta do quarto. Joël abriu para mim. Sentada na cama, usando um roupão, pálida, feliz, Caroline segurava uma menininha toda minúscula nos braços. Eu me inclinei. Ela era linda. Muito delicada, realmente muito linda. Não foi nenhum sacrifício lhe dizer isso e parabenizá-los. Fazia um calor absurdo no quarto. Pedi um vaso para o buquê de anêmonas. Joël me disse que era proibido pôr flores nos quartos e que eu precisaria levá-las de volta comigo. Tirei o casaco. Caroline entregou o bebê ao marido e se enfiou na cama. Joël recebeu o pacotinho nos braços, se sentou na poltrona de courino e ficou embalando-o, todo orgulhoso do rebento. Caroline pegou um catálogo da Jacadi e me mostrou o berço portátil de viagem. Anotei a referência. Numa prateleira de fórmica havia alguns pacotinhos por desembalar e muitas garrafas de álcool em gel. Perguntei se havia um serviço de reanimação na maternidade, porque eu estava prestes a ter uma apoplexia. Caroline disse que não podiam abrir a janela por causa da menina e me ofereceu umas gomas de fruta insípidas. No berço transparente estavam jogadas uma mamadeira descartável e uma fralda de pano amarrotada. Sob a luz estranha da luminária do teto, todos os tecidos, lençóis, toalhas, babadores pareciam amarelos. Nesse mundo confinado, indescritivelmente monótono, uma vida começava. Fiz carinho na testa da menina adormecida, dei um beijo em Joël e Caroline. Antes de sair, coloquei em um balcão do hall as anêmonas murchas pelo calor. No carro, disse para Luc que a filha da minha amiga era realmente linda. Ele perguntou, o que vamos fazer? Vamos para a sua casa? E eu disse, não. Luc pareceu surpreso. Eu disse, queria variar um pouco. Ele girou a chave e saiu com o carro sem destino certo. Percebi que estava contrariado. — Não aguento mais essa facilidade de ir para a minha casa toda vez. Luc não respondeu. Eu não deveria ter falado desse jeito. Me arrependi de ter usado a palavra facilidade, mas não dá para controlar tudo. Ainda chovia. Não falamos mais nada. Ele estacionou bem em frente à Bastilha. Caminhamos até um restaurante que ele conhecia e que estava lotado. Luc ainda tentou arrumar uma mesa, mas não teve jeito. Já estávamos longe do carro e tínhamos rodado muito até encontrar uma vaga. Em certo momento, na rua, eu disse que estava com frio e Luc disse, com um tom que me pareceu irritado, vamos ali. — Não, por que ali? — Você está com frio. Entramos num lugar que não me agradava nem um pouco e Luc imediatamente aceitou a mesa que o dono ofereceu. Ele perguntou se estava bom para mim enquanto nos sentávamos. A noite já tinha desandado, não tive coragem de dizer que não. Ele se sentou à minha frente, os cotovelos sobre a mesa, as mãos cruzadas brincando com os dedos. Eu ainda estava com frio e não podia tirar nem o casaco, nem o cachecol. O garçom trouxe o cardápio. Luc fingiu interesse. Ele estava com a expressão abatida sob a luz neon sem graça. Recebeu no celular uma mensagem da filha mais nova e me mostrou. «Estamos comendo uma raclete!» A mulher e as filhas dele estavam de férias na montanha. Odiei Luc pela falta de tato, diga-se de passagem que acho patético esse seu abobalhamento paterno. Mas sorri, amável. Eu disse, ela é sortuda. Luc disse, sim. Um sim carregado. Sem leveza. Eu não estava disposta a descobrir um jeito de me proteger dessa entonação. Eu disse, você não vai encontrá-las? — Vou, na sexta. Pensei, que vá para o inferno. Não havia absolutamente nada no cardápio que me apetecesse. Aliás, em nenhum cardápio do mundo, na minha opinião, e eu disse, não estou com fome, só queria uma taça de conhaque. Luc disse, vou pedir um escalope à milanesa com batata frita. Me senti atacada pela melancolia naquele cubículo horrível, supostamente íntimo. O garçom limpou a mesa de madeira envernizada, que não ficou realmente limpa nem depois disso. Eu me pergunto se os homens, sem confessar a si mesmos, sofrem desse tipo de ataque. Pensei na menininha em suas primeiras horas de vida, embrulhada no quarto pálido. Me lembrei de uma história que na mesma hora contei para Luc, para preencher o silêncio. Certa noite, num jantar, um psiquiatra, que era também psicanalista, contou o que disse um de seus pacientes, que sofria de solidão. Esse paciente lhe havia dito, quando estou em casa, tenho medo de que alguém chegue e veja quão sozinho eu sou. O psicanalista acrescentou, rindo um pouco, esse cara está dentro de um loop. Eu também disse isso a Luc. E Luc, pedindo uma taça de vinho branco, riu do mesmo jeito que Igor Lorrain, o psicanalista, de um jeito idiota, e prosaico, e detestável. Eu deveria ter ido embora, deixado-o ali naquele cubículo ridículo, mas em vez disso eu disse, quero ver onde você mora. Luc se fez de surpreso, como se não tivesse certeza de ter entendido direito. Repeti, quero ir na sua casa, ver como é o lugar onde você mora. Luc me olhou como se eu estivesse ficando interessante de novo e cantarolou, a-há, na minha casa, danadinha?... Acenei com a cabeça de um modo ligeiramente malicioso e odiei esse meu coquetismo, essa incapacidade de manter o prumo diante de Luc. De toda forma, eu disse, voltando umas casas (tinham acabado de me trazer o conhaque), você não adorou essa história do paciente? Você não interpretou como uma alegoria perfeita da ausência? Ausência de quê?, perguntou Luc. — Do outro. — Ah, sim, claro, disse Luc, pressionando o pote de mostarda. Tem certeza de que não quer comer nada? Pegue umas batatinhas, pelo menos. Peguei uma batata frita. Não estou acostumada com conhaque nem com nenhuma bebida alcoólica forte. Minha cabeça começa a rodar já no primeiro gole. Luc nem sequer pensou em me levar para um hotel. Está tão acostumado a ir para a minha casa que não lhe ocorreu nenhuma outra opção. Os homens são de uma inércia absoluta. Somos nós que criamos movimento. Nós nos desgastamos dando vida ao amor. Desde que conheci Luc Condamine, eu me desdobro incessantemente. Uns jovens barulhentos, cheios de energia, se acomodaram no cubículo atrás de nós. Luc me perguntou se tenho encontrado os Toscano. Nós nos conhecemos na casa dos Toscano. Luc é o melhor amigo de Robert. Eles trabalham no mesmo jornal, mas Luc é repórter especial. Eu disse que estou voltando tarde para casa e que tenho encontrado pouca gente. Luc me disse que achou Robert deprimido e que ele lhe havia apresentado uma moça. Fiquei surpresa, porque sempre pensei que Robert não fosse o mesmo tipo de homem que Luc. Eu disse, não sabia que Robert tinha aventuras. — Ele não tem, por isso que estou empenhado em ajudá-lo. Eu lembrei a ele que era amiga de Odile e que, portanto, não deveria ficar sabendo desse tipo de coisa. Luc riu, limpando a boca. Beliscou minha bochecha com uma certa compaixão. Ele já tinha devorado a porção de batata frita e atacava o resto do escalope. Eu disse, quem é? — Ah, não, Paola! Você é amiga de Odile, você não quer saber! — Quem é? Eu conheço? — Não, você está certa, seria péssimo você saber. — Sim, seria péssimo. Mas me diga. — Virginie. Secretária de um médico. — Você a conhece de onde?... Com um gesto, Luc esboçou o vasto mundo de suas relações sociais. De repente fiquei alegre. Tinha bebido a taça inteira de conhaque numa velocidade fora do comum. Mas estava alegre porque o próprio Luc tinha ficado alegre de novo. Ele pediu uma torta de damasco e duas colheres. Estava ácida e cremosa demais, mas disputamos o último pedaço de fruta. Os jovens riam atrás de nós e eu me senti jovem como eles. Eu disse, me leva para a sua casa, Luc? Ele disse, vamos lá. Eu não sabia mais se era uma boa ideia. Já não estava muito boa das ideias.

Por um momento, as coisas ainda ficaram leves. Enquanto corríamos debaixo da chuva. No carro, de início, o clima continuou leve. Depois derrubei um dos CDs que estava no porta-trecos do console. O disco saiu da capinha e rolou para debaixo do meu banco. Quando o alcancei, Luc já tinha recuperado a capinha. Ele pegou o CD das minhas mãos e, dirigindo, o guardou na embalagem. Depois o colocou no lugar em que estava, com uns tapinhas para realinhar. Tudo feito em silêncio. Sem palavras. Eu me senti desastrada e talvez até culpada de indiscrição. Desse zelo todo eu poderia ter concluído que Luc era cheio de manias, mas, estupidamente, o que senti foi vontade de chorar como uma criança apanhada fazendo besteira. Achei que não era mais uma boa ideia ir para a casa dele. No hall do prédio, Luc abriu com sua chave uma porta de vidro. Atrás dela havia um carrinho de bebê e outro, do tipo guarda--chuva, dobrado e pendurado no corrimão. Luc me fez passar à sua frente e subimos até o terceiro andar por uma escada que contornava o elevador. Luc acendeu a luz de entrada do apartamento. Pude ver umas prateleiras com livros e um cabideiro onde estavam pendurados alguns casacos e impermeáveis. Tirei o meu, minhas luvas e meu cachecol. Luc me levou para a sala. Ajustou uma luminária de luz incandescente e me deixou sozinha por um momento. Havia um sofá, uma mesa de centro, cadeiras variadas, como em qualquer sala. Uma poltrona de couro bastante usada. Uma biblioteca, com livros, fotografias em porta-retratos, entre elas uma de Luc, no salão oval, hipnotizado por Bill Clinton. Um conjunto de elementos aleatórios. Me sentei na beirada da poltrona de couro. Já tinha visto em algum lugar a estampa das cortinas. Luc retornou, tinha tirado o paletó. Ele me disse, quer beber alguma coisa? Eu disse, um conhaque, como se do dia para a noite eu tivesse me tornado uma mulher que bebe conhaque sem parar. Luc trouxe uma garrafa de conhaque e duas taças. Ele se sentou no sofá e nos serviu. Diminuiu a intensidade da luminária, acendeu um abajur de tecido plissado, se recostou nas almofadas e ficou me observando. Eu estava sentada bem na ponta da poltrona, reta, as pernas cruzadas, tentando fazer um tipo meio Lauren Bacall com minha taça de bebida. Luc estava afundado no sofá, as pernas abertas. Entre mim e ele, numa espécie de mesa de apoio, havia uma foto emoldurada de sua esposa sorrindo, aparentemente num campo de minigolfe, com as duas filhas deles. Luc disse, Andernos-les-Bains. Eles têm uma casa de campo em Andernos-les-Bains. A mulher dele é de Bordeaux. Minha cabeça começava a rodar um pouco. Com uma lentidão que achei quase melodramática, Luc começou a desabotoar sua camisa com uma das mãos. Depois terminou de abri-la. Entendi que a ideia era que eu fizesse o mesmo, que me despisse no mesmo ritmo que ele, a alguns metros de distância. Nesse ponto, Luc Condamine tem um grande domínio sobre mim. Eu usava um vestido e, por cima, um cardigã. Descobri um ombro. Depois tirei uma das mangas do cardigã para me antecipar a ele. Luc tirou uma das mangas da camisa. Despi o cardigã, que joguei no chão. Ele fez o mesmo com a camisa. Luc estava com o peito nu. Sorria para mim. Levantei meu vestido e tirei uma perna da meia-calça. Luc descalçou os sapatos. Tirei a outra perna da meia, fiz uma bolinha e joguei nele. Luc abriu a braguilha. Esperei um pouco. Ele exibiu seu sexo e de repente percebi que o sofá era azul-turquesa. Um azul-turquesa brilhoso sob a luz artificial de alcova, e pensei que, considerando todo o resto, era bastante surpreendente escolher um sofá daquela cor. Me perguntei quem nesse casal era o responsável pela decoração. Luc se esticou em uma posição lasciva que achei ao mesmo tempo sedutora e constrangedora. Olhei para o cômodo, os quadros em sua falsa penumbra, as fotos, as lanternas marroquinas. A quem será que pertenciam os livros, o violão, aquela pata de elefante horrorosa? Eu disse, você nunca vai abandonar tudo isso. Luc Condamine levantou a cabeça e me olhou como se eu tivesse acabado de falar o maior disparate.

Ernest Blot

Minhas cinzas. Não sei o que é melhor fazer. Se guardá-las em algum lugar ou dispersá-las. Eu me faço essa pergunta acomodado na cozinha, de roupão, diante de um laptop. Jeannette anda para lá e para cá, como uma mulher feliz de usufruir de um feriado. Abre armários, liga máquinas, faz os talheres tilintarem. Estou tentando ler um jornal na versão eletrônica. Eu digo, Jeannette!... Por favor. Minha mulher responde, você não é obrigado a se enfiar na cozinha na hora em que estou preparando o café da manhã. Um estrondo do mau tempo chega a nós pela janela. Me sinto esgotado, encurvado, franzindo os olhos apesar dos óculos. Observo minha mão vagando pela mesa, apertando esse utensílio que chamamos de *mouse*; um corpo lutando com um mundo ao qual não pertence mais. Os velhos são pessoas de outra época jogadas no futuro, disse outro dia meu neto Simon. Um gênio, esse garoto. A chuva começa a bater contra a vidraça e me vêm imagens de mar, de rio, de cinzas. Meu pai foi cremado. Guardaram-no em uma caixa de metal quadrada, feia, pintada de marrom, que era a cor das paredes da sala do ginásio Henri-Avril em Lamballe. Dispersei as cinzas dele com minha irmã Marguerite e duas primas em uma ponte em Guernonzé. Ele queria ficar no rio Braive. A cem metros da casa onde tinha nascido. Às seis da tarde. No meio da cidade. Eu tinha sessenta e quatro anos. Alguns meses depois da minha ponte de safena quíntupla. Não há nenhum lugar com o nome dele. Marguerite não suporta a ideia de que não se pode localizá-lo. Quando vou para lá — uma vez por ano, é longe —, ora roubo uma flor de alguma encosta, ora compro uma, que jogo furtivamente. Ela vai embora na água. E vivo dez minutos de plenitude. Meu pai tinha medo de ser trancado como seu irmão. Um irmão que era seu oposto. Um perdulário. Uma espécie de Grande Gatsby. Quando entrava em um restaurante, os funcionários se curvavam. Ele também foi cremado. Sua última esposa quis colocá-lo com a família dela, no túmulo faraônico que eles possuem. Um subalterno da funerária entreabriu a porta de bronze cinzelado, depositou a urna na primeira das doze prateleiras de mármore, depois a fechou. No carro, retornando do cemitério, meu pai disse, a vida toda você se vangloria de desfilar pelos tapetes vermelhos, no fim alguém te empurra por uma fresta e te larga de qualquer jeito. Eu também adoraria me misturar a uma corrente d'água. Mas depois que vendi Plou-Gouzan L'Ic, não tenho mais um rio. Quanto ao rio da minha infância, ele não é mais agradável. Já foi selvagem, crescia mato entre as pedras, e ao longo dele corria uma parede de madressilvas. Hoje as margens são concretadas e tem um estacionamento bem ao lado. Ou então no mar. Mas é vasto demais (e tenho medo dos tubarões). Digo a Jeannette, gostaria que você jogasse minhas cinzas num curso d'água, mas ainda não escolhi qual. Jeannette desliga a torradeira. Ela seca as mãos com o pano de prato que está levando pra lá e pra cá e se senta à minha frente. — As suas cinzas? Você quer ser cremado, Ernest? Há muita angústia no rosto dela. Muita comoção. Eu rio com todos os meus dentes perversos, sim. — E você diz isso assim, como se falasse da tempestade? — Não é um assunto interessantíssimo. Ela se cala. Alisa o pano sobre a mesa, você sabe que eu sou contra. — Eu sei, mas não quero ser empilhado numa cova, Jeannette. — Você não é obrigado a fazer tudo como o seu pai. Aos setenta e três anos. — É a idade certa para imitar o próprio pai. Coloco de volta meus óculos. Digo, você me faria a gentileza de me deixar ler? Você me dá uma punhalada dessas e depois volta para o seu jornal, ela responde. Eu adoraria que aparecesse um jornal na tela. Falta uma senha, um login, eu lá sei o quê? Nossa filha Odile enfiou na cabeça que vai me atualizar. Ela tem medo de que eu enferruje e me isole. Quando eu estava na ativa, ninguém me pedia para seguir o diapasão da modernidade. Corpos sinuosos esvoaçam na tela. Me lembram as moscas que flutuavam diante dos meus olhos quando eu era pequeno. Falei disso para uma amiguinha. Tinha perguntado para ela, será que são anjos? Ela tinha dito que sim. Senti um certo orgulho. Eu não acredito em nada. Com certeza em nenhuma dessas imbecilidades religiosas. Mas acredito um pouco nos anjos. Nas constelações. No meu papel, ainda que infinitesimal, no livro das causas e dos efeitos. Não é proibido imaginar a si mesmo como parte de um todo. Não sei o que Jeannette está tramando com esse pano de prato em vez de continuar a fazer torradas. Ela torce as pontas, que enrola em volta do dedo indicador. Me desconcentra totalmente. Não consigo ter uma conversa séria com minha esposa. Fazer-se entender é uma coisa impossível. Não tem como. Particularmente no contexto do casamento, onde tudo se transforma em tribunal criminal. Jeannette desenrola o pano de prato com um golpe seco e diz com uma voz lúgubre, você não quer ficar comigo. Ficar onde com você?, pergunto. — Comigo, de modo geral. — Claro que sim, Jeannette, quero ficar com você. — Não quer. — Na morte todo mundo está sozinho. Pare com esse pano, o que você está fazendo? — Sempre achei triste que seus pais não tenham sido enterrados juntos. Sua irmã concorda comigo. Papai está muito feliz no Braive, eu digo. E sua mãe está triste, diz Jeannette. — Minha mãe está triste! Mostro de novo meus dentes perversos, era só ela ter feito o mesmo que ele, em vez de pedir uma transferência dos ossos dos pais para então poder ficar no jazigo da família. Alguém a obrigou a fazer isso? — Você é um monstro, Ernest. — Novidade nenhuma, eu digo. Jeannette adoraria me sepultar com ela para que quem passasse visse nossos nomes juntos. Jeannette Blot e seu devotado marido, bem presos na pedra. Ela gostaria de apagar para sempre as humilhações da nossa vida conjugal. Antigamente, quando eu dormia fora de casa, ela amarrotava meu pijama antes da faxineira chegar. Minha mulher conta com o túmulo para levar a melhor sobre as más línguas, quer continuar sendo uma pequeno-burguesa inclusive na hora da morte. A chuva metralha as vidraças. Quando eu voltava de Bréhau-Monge para Lamballe, onde ficava meu pensionato, soprava o vento noturno. Eu grudava o nariz na água que escorria. Tinha aquela frase de Renan, «Quando o sino soa às dezessete horas...». Em qual livro? Gostaria de reler. Jeannette parou de mexer no pano. Olha ao longe, para o vazio, para a luz cinza que entra da janela. Quando era jovem, ela tinha uma espécie de ar insolente. Parecia a atriz Suzy Delair. O tempo muda também a alma dos rostos. Eu digo, não tenho direito nem a um café? Ela dá de ombros. Eu me pergunto como será esse dia que se anuncia. Antigamente, eu não prestava atenção alguma a essa espiral vertiginosa do dia e da noite, não sabia sequer se estávamos de manhã, de tarde ou sabe-se lá quando. Eu ia ao ministério, ia ao banco, ia atrás de uns rabos de saia, nunca me preocupava com eventuais consequências. Um rabo de saia ainda me provoca certo entusiasmo, mas a partir de uma certa idade os prelúdios são cansativos. Jeannette diz, você também pode escolher ser cremado sem dispersar as cinzas. Nem dou atenção. Retorno à minha falsa atividade cibernética. Não sou contra aprender coisas novas, mas com qual propósito? Estimular minhas células cerebrais, diz minha filha. Isso vai mudar minha visão de mundo? Já tem muito pólen e porcaria demais no ar, para ainda por cima a gente acrescentar esse pó de restos mortais, não vale a pena, diz Jeannette. Vou pedir para outra pessoa, eu digo. Para Odile, ou para Robert. Ou para Jean, mas temo que ele parta antes de mim, aquele idiota. Não achei que estava muito em forma na terça passada. Que me joguem no Braive. Vou reencontrar meu pai. Só não me inflijam nenhuma cerimônia, nada de serviço fúnebre ou outra macaquice, nada de bênçãos maçantes. É capaz de eu morrer antes de você, diz Jeannette. — Não, não, você é forte. — Se eu morrer antes de você, Ernest, quero que haja uma bênção e que você conte como me pediu em casamento em Roquebrune. Pobre Jeannette. Numa época que hoje não passa de matéria confusa, pedi sua mão por meio do buraquinho da porta de uma cela medieval onde eu a tinha trancado. Se ela soubesse que Roquebrune já não significa mais nada pra mim... Que esse passado se dissolveu e volatilizou. Dois seres vivem lado a lado, e a imaginação deles os afasta a cada dia de maneira mais e mais definitiva. As mulheres constroem, dentro de si mesmas, palácios encantados. Você é mumificado em algum lugar lá dentro, sem sequer saber disso. Nenhuma licenciosidade, nenhuma falta de escrúpulos, nenhuma crueldade é considerada real. Na hora da eternidade, teremos de contar uma história de juventude. Tudo não passa de equívoco, de apatia. — Não conte com isso, Jeannette. Vou morrer antes de você, felizmente. E você vai assistir à minha cremação. Não tem mais aquele cheiro de porco tostado, fique tranquila. Jeannette empurra a cadeira e se levanta. Joga o pano de prato em cima da mesa. Apaga a boca do fogão onde a água dos meus ovos já evaporou quase toda e tira a torradeira da tomada. Ao sair da cozinha, ela dispara, que bom que o seu pai não escolheu ser cortado em pedacinhos, você ia querer que te cortassem em pedacinhos também. Acho que ela apagou a luminária do teto. O dia não fornece luz alguma e permaneço no escuro, porém aliviado. Tiro do bolso um maço de Gauloises. Prometi ao dr. Ayoun que não fumaria mais. Como prometi que comeria alface e carne grelhada. Ele é agradável, esse Ayoun. Só um, não vai me matar. Meus olhos topam com a rede de pescar camarão, pendurada na parede há muito tempo. Há cinquenta anos, alguém a mergulhava debaixo das algas e nas fendas. Antigamente, Jeannette colocava buquês de tomilho, louro, todo tipo de ervas nessa rede. Os objetos se acumulam e não servem mais para nada. E nós também não. Escuto a chuva, que baixou um tom. O vento também. Fecho a tampa do computador. Tudo que nossos olhos veem já é passado. Não estou triste. As coisas são feitas para desaparecer. Vou embora sem deixar rastro. Não vão encontrar caixão, nem ossos. Tudo vai continuar como sempre foi. Tudo vai embora alegremente na água.

Philip Chemla

Eu adoraria sofrer por amor. Na outra noite, no teatro, escutei esta frase: «Tristeza depois do contato sexual íntimo todos conhecem, é claro [...] É, isso nós conhecemos e estamos preparados para enfrentar». Foi em *Dias felizes*, de Beckett. Ah, os dias felizes de tristeza que não conheço. Não sonho com uma união, um idílio, não sonho com uma felicidade romântica, mais ou menos durável, não, eu gostaria de experimentar uma forma específica de tristeza. Eu a imagino. Talvez já a tenha experimentado. Uma sensação a meio caminho entre a falta e o desconsolo da infância. Eu gostaria de topar, dentre as centenas de corpos que desejo, com aquele que teria o dom de me ferir. Ainda que de longe, ainda que ausente, ainda que jazendo sobre uma cama, me dando as costas. Topar com o amante munido de uma lâmina indistinguível que esfola. É a marca do amor, sei disso pelos livros que eu lia muito tempo atrás, antes da medicina roubar todo o meu tempo. Entre mim e meu irmão, nunca houve sequer uma palavra sobre o assunto. Quando eu tinha dez anos, ele veio para a minha cama. Era cinco anos mais velho que eu. A porta estava entreaberta. Não entendi muito bem o que era aquilo, mas sabia que era proibido. Não me recordo exatamente o que fazíamos. Durante anos. Carícias, amassos. Eu me lembro do dia em que ele veio e da primeira vez que gozei. Só isso. Não tenho certeza se nos beijávamos, mas considerando o lugar que isso passou a ocupar na minha vida posteriormente, ele devia me beijar. Com o passar do tempo, e até ele se casar, era eu que ia provocá-lo. Nenhuma palavra entre nós. À exceção do *não*, quando eu aparecia. Ele dizia não, mas sempre cedia. Entre mim e meu irmão, só me recordo de silêncios. Nenhuma troca, nenhuma linguagem para cultivar uma vida imaginária. Nenhuma coincidência entre o sentimento e o sexo. No fundo do jardim havia uma garagem. Por uma vidraça quebrada eu observava a vida da rua. Certa noite, um lixeiro me viu e piscou para mim. Era a noite, o escuro, o homem proibido no seu veículo. Depois, já mais velho, comecei a ir atrás dos lixeiros. Meu pai assinava a revista *Vivante Afrique*. Ele tinha um irmão na Guiné. Foi minha primeira revista pornô. Corpos opacos no papel opaco. Camponeses corpulentos, protetores, quase nus, que cintilavam na página. Numa parede, acima da minha cama, pendurei Nefertiti. Ela velava como um ícone intocável e sombrio. Antes do internato, eu me oferecia aos árabes nas praças. Eu dizia, me use. Um dia, numa escada, enquanto tirávamos nossa roupa percebi que o sujeito ia pegar minha grana. Falei, você quer dinheiro? Ele mergulhou nos meus braços. As coisas ficaram simples, quase carinhosas. Meu pai ignora toda uma parte da minha vida. É um homem correto, ligado à família. Um judeu autêntico e bom. Penso nele com frequência. Me sinto mais livre desde que comecei a pagar. Meu lugar é mais legítimo, ainda que eu precise fazer alguns ajustes na relação de poder. Converso com alguns rapazes. Me preocupo com a vida deles, demonstro meu carinho. Internamente digo ao meu pai, é verdade que existe um pequeno desvio, mas o caminho principal está sendo respeitado. Nas noites de sábado, ou às vezes durante a semana, depois das minhas consultas, quando não tenho reunião, vou ao bosque, aos cinemas, às regiões onde estão os meninos que me interessam. Digo a eles, gosto de pau grande. Exijo que mostrem para mim. Eles botam para fora.

Estejam duros ou não. Já há algum tempo, quando escolho alguém, quero saber se ele bate. (Não pago a mais por um tapa. O tapa não deve entrar na negociação.) Antes eu perguntava no meio do caminho. Hoje pergunto na hora. É uma pergunta incompleta. A verdadeira pergunta deveria ser: você bate?, e imediatamente depois, você consola? Mas não dá para perguntar isso. Também não dá para dizer, me consola. O mais longe que já consegui ir foi, faz carinho no meu rosto. Não ousaria dizer mais que isso. Tem palavras que não cabem. É uma exigência esquisita, *me consola*. No meio de todas as outras exigências, me lambe, me bate, me beija, enfia a língua (muitos não enfiam), não dá para imaginar me consola. O que eu realmente quero não pode ser dito. Levar um tapa no rosto, oferecer meu rosto para ser estapeado, pôr à disposição meus lábios, meus dentes, meus olhos, e depois subitamente ganhar carinho, quando eu menos esperar, e de novo apanhar num ritmo bom, na medida certa, e depois de ter gozado ser abraçado, amparado, coberto de beijos. Não existe essa perfeição, exceto, talvez, no amor que não conheço. Desde que comecei a pagar e posso determinar os acontecimentos, estou livre para ser eu mesmo. Faço aquilo que não sei obter na vida real: me ajoelho, me submeto. Enfio os joelhos na terra. Retorno à submissão completa. O dinheiro nos une como qualquer outro vínculo. O egípcio colocou as mãos no meu rosto. Pegou meu rosto, colocou a palma das mãos em minhas bochechas. Minha mãe fazia esse gesto quando eu tinha otite, ela queria atenuar o ardor da febre com a mão. Fora isso, na vida normal, ela era distante. O egípcio lambeu minha boca. Desapareceu na noite, como os lixeiros de antigamente. Eu o procuro desde então. Percorro a alameda lateral, me enfio no bosque. Ele não está lá. Se me esforço, ainda percebo a umidade da língua dele nos meus lábios. Um resumo vertiginoso de uma coisa que ignoro. Jean Ehrenfried, um paciente a quem sou apegado, me presenteou com as *Elegias de Duíno*, do Rilke. Ele me disse, poesia, doutor, o senhor teria tempo para isso? Abriu o livro na minha frente e leu para mim as primeiras palavras (aliás, notei que seu timbre havia diminuído desde a nossa consulta anterior), «Quem, *se eu gritasse*, entre as legiões dos Anjos me ouviria?». É um livro curto. Está perto da minha cama. Reli a frase pensando na voz minguada de Ehrenfried, na sua combinação de gravata de bolinhas e lenços extravagantes. A poesia me aguarda debaixo do abajur há semanas. Eu me levanto às seis e meia todas as manhãs. Atendo meu primeiro paciente uma hora depois. Posso atender cerca de trinta ao longo do dia. Dou aula, escrevo artigos para revistas internacionais de oncologia e radioterapia, participo de uma dezena de congressos por ano. Não tenho mais tempo de pôr a existência em perspectiva. Às vezes uns amigos me carregam para o teatro. Recentemente, vi *Dias felizes*. Uma pequena sombrinha debaixo de um sol escaldante. O corpo que afunda pouco a pouco, aspirado pela terra, a pessoa que quer viver *com um coração leve* e se alegra com minúsculas surpresas. Isso eu conheço. Contemplo-o todos os dias. Mas não tenho certeza se quero ouvir outras palavras. Os poetas não têm noção do tempo. Eles nos arrastam para melancolias inúteis. Não pedi o telefone do egípcio. Não costumo pedir. Para quê? Já aconteceu de anotar uns números. Mas não o dele. Ele deixou em algum lugar dentro de mim uma marca que não consigo definir. Talvez tenha a ver com o demônio de Beckett. Não é o egípcio que procuro no bosque, atrás da paliçada de Passy. Eu o procurei até mesmo nas cabines, onde nunca o tinha visto. É um cheiro de tristeza. Uma coisa impalpável, mais profunda do que conseguimos avaliar, e que não tem nada a ver com o real. Minha vida é boa. Faço o que amo. De manhã acordo uma pilha. Descobri que sou forte. Quer dizer, sou capaz de decidir, de assumir riscos. Os pacientes têm o número do meu celular, podem me telefonar a qualquer hora.

Devo muito a eles. Quero estar à altura deles (é também por isso que quero estar atualizado e praticar uma oncologia para além da clínica). Já sei há muito tempo que a morte existe. Antes de fazer medicina, eu já tinha noção do tempo. Não odeio meu irmão. Não sei o lugar exato que ele ocupa na minha vida. A complexidade humana não se reduz a nenhum princípio de causalidade. É possível também que, sem esses anos de silêncio, eu tivesse coragem de enfrentar o abismo de uma relação que mistura sexo e amor. Quem sabe? Normalmente, eu pago depois. Quase sempre. O outro precisa confiar em mim, como uma prova de amizade. O egípcio eu paguei antes. Por acaso. Ele não colocou a nota no bolso, ficou com ela na mão. A nota ficou no meu campo de visão enquanto eu o chupava. Ele a enfiou na minha boca. Chupei o pau e o dinheiro. Ele enfiou a nota na minha boca e pôs a mão no meu rosto. Um juramento sem futuro que ninguém nunca vai conhecer. Quando eu era criança, entregava para a minha mãe pedrinhas ou castanhas que encontrava no chão. Também cantava umas musiquinhas para ela. Presentes ao mesmo tempo inúteis e imortais. Já me aconteceu com frequência de convencer pacientes de que a única realidade é o presente. O menino egípcio pôs a nota na minha boca e a mão no meu rosto. Aceitei tudo que ele me deu, o pau, o dinheiro, a alegria, o pesar.

Loula Moreno

Anders Breivik, o norueguês que fuzilou sessenta e nove pessoas e matou outras oito com uma bomba, disse ao tribunal de Oslo, «Em circunstâncias normais, eu sou uma pessoa muito bacana». Quando li essa frase, pensei imediatamente em Darius Ardashir. Em circunstâncias normais, quando não está empenhado em me destruir, Darius Ardashir é muito bacana. À exceção de mim, de talvez sua própria esposa e daquelas que tiveram o azar de se relacionar com ele, ninguém sabe que ele é um monstro. A jornalista que me entrevista nesta manhã é o tipo de mulher que bebe chá com gestos cautelosos e com toda uma série de pequenos rituais irritantes. Ontem, por volta das seis da tarde, Darius Ardashir me disse, te ligo de volta em quinze minutos. Em cima da mesa, meu celular não toca e não acende. É meio-dia. Quase fiquei louca durante a noite. A jornalista diz, você acabou de fazer trinta anos, você tem algum desejo? — Tenho mais de cem. — Escolha um. Eu digo, interpretar uma freira. Ou ter cabelos ondulados. Respostas deploráveis. Quero fazer graça. Não acho fácil ficar na superficialidade. — Uma freira! Ela forja um sorriso um pouco retorcido, como que insinuando que eu não seria a primeira escolha para esse papel. — Por que não? — Qual é seu principal defeito? — Tenho mil defeitos. — Mas qual você gostaria de eliminar? — Meu mau gosto. — Você tem mau gosto?

Em relação a quê? Eu digo, aos homens. E imediatamente me arrependo. Sempre falo demais. Perto de nós, uma menininha está limpando uma mesa. Ela passa um pano molhado na madeira encerada, reproduzindo o conhecido gesto circular, levanta o porta-fósforos, põe o cardápio de doces numa outra mesa, depois coloca as coisas de volta em seu lugar e vai embora. De onde estou, eu a vejo perto do bar, pedindo outra tarefa. A garçonete de verdade dá a ela uma bandeja, na qual colocou displays de propaganda em formato triangular, aponta as mesas vazias, e a menininha se empenha em arrumá-los perto dos vasos de violeta. Adoro a seriedade dela. A jornalista pergunta, qual seu tipo de homem? Eu me ouço responder, os machos perigosos e irracionais. Suavizo a fala com uma pequena gargalhada, não escreva isso, falei qualquer coisa. — Que pena. — Não me sinto atraída por homens bonitos, elegantes, tipo *Mad Men*, gosto dos estropiados, que parecem estar sempre de mau humor, que não falam muito. Eu poderia continuar tagarelando, mas quase engasgo com um caroço de azeitona. Eu digo, não escreva nada disso. — Já escrevi. — Não publique, ninguém se interessa por isso. — Pelo contrário. — Não quero falar de mim dessa maneira. — Os leitores se sentirão honrados, é um presente que você dá a eles. Ela ajeita a saia debaixo das nádegas e solicita um pouco de água quente para o chá. Termino as azeitonas e peço um segundo copo de vodca. Me deixo enganar, não tenho autoridade sobre essas pessoas. A jornalista pergunta se estou resfriada. Digo que não, por quê? Ela acha meu timbre de voz mais grave ao vivo. Diz que tenho uma entonação de alcova. Rio de um jeito estúpido. Ela acha que está me agradando com essa expressão idiota. Meu celular em cima da mesa não dá nenhum sinal de vida. Nenhum. Nenhum. A menininha passa de novo tranquilamente entre os sofás, o queixo bem proeminente.

— De onde vem esse nome, Loula Moreno? Não é seu nome verdadeiro, é? — Vem de uma música de Charlie Odine... «De vaines promesses sur des coins de table/ Dans des lits d'imprésarios minables/ Loula t'attends que l'grand jour arrive / Aux entrées des palaces que t'enjolives...».[1] — O grande dia chega? — Na música? Não. — E para você, ele chegou? — Também não. Termino minha vodca e dou risada. É maravilhoso que exista o riso. É como um coringa. Sempre funciona, não importa o sentido. A menininha vai embora. Voltou a ser criança, com seu impermeável e sua mochila. No momento em que ela desaparece atrás da porta de madeira envidraçada, vejo Darius Ardashir entrar. Sei que ele frequenta este bar. Para ser sincera, eu mesma escolhi este bar, na esperança ínfima de encontrá-lo. Mas Darius Ardashir não está com seus habituais conspiradores de terno e gravata escuros (nunca entendi direito o que ele fazia, é o tipo de gente que um dia está ligada à política, no outro a um grupo industrial ou à venda de armas), ele está com uma mulher. Viro o copo num gole só e minha garganta pega fogo. Não estou acostumada a beber. Sobretudo de manhã. A mulher é alta, de um tipo clássico com coque loiro. Darius Ardashir a conduz em direção a duas poltronas que ficam num canto, ao lado do piano. Ele está com o cabelo molhado. Pôs a mão nas costas dela. Não ouvi a pergunta da jornalista. Digo, perdão, desculpe? Levanto o braço para o garçom, peço outro copo de vodca. Digo para a jornalista, isso me ajuda a despertar, dormi pouco esta noite. Sempre sinto necessidade de me justificar. É um absurdo. Tenho trinta anos, sou famosa, posso fazer o que me der na telha. Darius Ardashir tenta

---

[1] Em tradução literal, «Promessas vãs nas quinas de mesa/ Nas camas de agentes ridículos/ Loula espera que chegue o grande dia/ Que com sua beleza enfeite os halls de grandes hotéis...»

fechar um pequeno guarda-chuvas estampado. Ele briga contra as varetas de metal, sem inteligência alguma. Acaba achatando-as e fechando a lona de qualquer jeito. A mulher ri. Essa cena me mata. A jornalista diz, você sente nostalgia da infância? Pela maneira como se inclina em minha direção, como se faz com os surdos, imagino que ela já tenha feito a pergunta pelo menos uma vez. Ah, não, de forma alguma, eu digo, eu não gostava de ser criança, queria crescer logo. Ela se inclina mais ainda, diz uma coisa que não escuto, eu pego meu celular, me levanto, digo, me dê licença um segundo. Vou em direção ao banheiro o mais discretamente possível. Bambeio um pouco, por causa da vodca. Me olho no espelho. Estou pálida, aceito minhas olheiras. Sou uma mulher atraente. No celular, escrevo «Estou te vendo». Mando a mensagem para Darius Ardashir. Alguns dias atrás, eu disse a ele que era sua escrava e que queria que ele me puxasse por uma coleira. Darius Ardashir respondeu que não gostava de carregar nada e que até uma pasta o incomodava. Volto desprevenida para o salão. Não olho para o lado do piano. Quando a jornalista me vê voltando, seu rosto se ilumina com uma luz quase maternal. Ela diz, podemos continuar? Digo, sim, e me sento. Ele com certeza recebeu minha mensagem, Darius Ardashir não desgruda do telefone. Arqueio as costas, alongo meu pescoço de cisne. Não devo de modo algum olhar na direção dele. A jornalista vasculha suas anotações e diz, você falou... — Meu Deus. — Você falou, os homens são os convidados do amor. — Eu falei isso? — Sim. — É uma boa frase. — Você pode elaborar mais? Eu pergunto, vão brigar comigo se eu fumar? Ela diz, creio que sim. Meu celular se ilumina. Darius A. me responde. «Bom dia, malandrinha.» Eu me viro. Darius Ardashir está pedindo bebidas. Está usando um paletó marrom em cima de uma camisa bege, a mulher loira está apaixonada por ele, dá para ver a quilômetros de distância. *Bom dia, malandrinha* como se nada tivesse acontecido. Darius Ardashir é o gênio do presente absoluto. A noite apaga qualquer resquício da véspera, e as palavras ricocheteiam tão leves quanto balões de hélio. Mando «Quem é essa?». Imediatamente me arrependo. Escrevo «Não, não estou nem aí». Mas apago, felizmente. A jornalista suspira e se reclina no encosto da cadeira. Escrevo «A gente ia jantar juntos ontem, não?!». Apago, apago. As broncas fazem os homens saírem correndo. No início Darius Ardashir me dizia, eu te amo com minha cabeça, com meu coração e com meu pau. Contei a frase para Rémi Grobe, meu melhor amigo, que disse, ele é um poeta, vou testá-la, deve funcionar com algumas idiotas. Comigo funciona maravilhosamente bem. Não me interessam as músicas sutis demais. Digo para a jornalista, falávamos do quê? Ela balança a cabeça, nem ela sabe mais. Minha cabeça está rodando. Faço um sinal para o garçom, peço mais um mix de castanhas, sobretudo castanha de caju. Não vou parar no *Quem é essa?* É fraco demais. Ainda mais porque ele não responde. Tenho uma ótima ideia. Escrevo «Diga a ela que você só gosta dos inícios». É perfeito. Envio. Não, não envio. Faço melhor que isso. Chamo o garçom mais uma vez. Ele chega com batata chips e castanhas de caju. Peço a ele um pedaço de papel. Digo para a jornalista, me desculpe, esta manhã está um pouco confusa. Ela levanta a mão num gesto débil, indicando um abatimento completo. Não tenho tempo de me constranger. O garçom traz uma folha sulfite. Peço a ele que aguarde. Escrevo a frase no alto da página e a dobro cuidadosamente. Peço ao garçom que seja discreto e a entregue ao homem de paletó marrom sentado perto do piano, sem revelar sua proveniência. O garçom diz com uma voz assustadoramente clara, para o sr. Ardashir? Confirmo batendo os cílios. Ele sai. Eu me jogo no mix de pistaches e castanha de caju. Não posso de modo algum olhar para o que acontece ao lado do piano. A jornalista saiu de seu torpor. Tirou os óculos e os pôs de volta no estojo. Começou também a juntar sua papelada. Não posso ser abandonada aqui de repente. Eu digo, sabe, eu me sinto velha. Não tem como se sentir jovem aos trinta anos. Ontem à noite, eu não conseguia dormir, então li o diário de Pavese. Sabe quem é? Ele fica na minha mesa de cabeceira, faz bem ler coisas tristes. Tem uma frase em que ele diz, «os loucos, os malditos, foram crianças, eles brincaram como você, acreditaram que o futuro lhes reservava coisas boas». Não escreva isso, mas por muito tempo pensei que minha carreira seria meteórica. A jornalista me observa com preocupação. Ela é gentil, coitada. O garçom retorna com a folha dobrada. Eu tremo. Fico segurando o papel por um tempo, antes de abrir. No alto está a minha frase, «Diga a ela que você só gosta dos inícios», e embaixo, com uma letra fina e preta, ele escreveu «Nem sempre». Mais nada. Nem ponto final. A quem se referem essas palavras? A mim? À mulher?... Viro a cabeça em direção ao canto do piano. Darius Ardashir e a mulher estão muito animados. A jornalista se inclina na minha direção e diz, o futuro de fato reservava coisas boas para você, Loula.

Raoul Barnèche

Comi um rei de paus. Não inteiro, mas quase. Sou um homem que chegou a esse extremo de conseguir enfiar um rei de paus na boca, rasgar um pedaço, mastigar como um selvagem mastigaria a carne crua e engolir. Eu fiz isso. Comi uma carta manuseada por dezenas de pessoas antes de mim, em pleno torneio de Juan-les-Pins. Reconheço apenas uma coisa, o erro inicial. Jogar com Hélène. Ter me deixado levar pela musiquinha sentimental das mulheres. Faz anos que sei que não devo mais jogar em dupla com minha esposa Hélène. A época em que podíamos fazer isso num espírito de harmonia — a palavra é exagerada e não existe no bridge —, digamos indulgência, em todo caso de minha parte, em um espírito, estou procurando a palavra, de conciliação, essa época já passou há muito tempo. Certa vez ganhamos juntos o aberto da França de dupla mista, um acaso feliz. Desde então, nossa aliança não produziu centelha alguma e ferrou com as minhas coronárias. Hélène não sabia jogar bridge quando a conheci. Um amigo a levou a um café onde jogávamos à noite. Ela estudava para ser secretária. Ficou sentada, só observando. Depois voltou. Ensinei tudo para ela. Meu pai era ferramenteiro da Renault e minha mãe, costureira. Hélène vinha do Norte. Os pais dela eram operários da indústria têxtil. Hoje está mais democrático, mas antigamente não havia pessoas como nós nos clubes. Antes de largar tudo pelo jogo, eu era engenheiro químico na Labinal. De dia em Saint-Ouen, de noite no Darcey, na place Clichy, em seguida nos clubes. Os fins de semana no hipódromo. A jovem Hélène me acompanhava. Não dá para explicar a paixão pelas cartas. Existe um lugar em separado no cérebro para isso. Um lugar das cartas. Quem não tem, não tem. Pode-se assistir a todas as aulas do mundo, que não adianta. Hélène tinha esse lugar. Por períodos curtos, ela jogava honrosamente. As mulheres não conseguem se concentrar por muito tempo. Depois de treze anos jogando bridge em separado, um belo dia Hélène acorda e sugere que a gente repita o torneio de Juan-les-Pins juntos. Juan-les-Pins, o céu azul, o mar, uma lembrança da nossa estadia em Le Cannet, sabe Deus que imagem ela tinha na cabeça. Eu deveria ter dito não, mas disse sim, como qualquer homem que está envelhecendo. O drama aconteceu na décima sétima partida. Cinco de espadas carteado por Norte-Sul. Saio com dois de ouro, fraco do morto, às com Hélène, fraco. Hélène joga seu às de paus, Norte coloca fraco, tenho três paus com o rei, coloco o nove, fraco do morto. O que Hélène faz? O que faz a mulher para quem ensinei tudo e que diz ter se tornado uma jogadora de primeira linha? Ela volta para ouro. Eu tinha colocado o nove de paus, Hélène jogou ouro! Tínhamos três vazas à frente, havíamos feito apenas duas. No fim da partida, exibi meu rei de paus e gritei, onde que eu enfio ele agora? É para eu comer? Você quer me matar, Hélène? Você quer que eu tenha uma síncope em pleno centro de convenções? Esfreguei a carta na cara dela e a enfiei goela abaixo. Comecei a mastigá-la e disse, você viu meu nove de paus, sua imbecil, você acha que eu coloquei um nove ali só para me distrair? Hélène estava petrificada. Os adversários estavam petrificados. Comecei a me exaltar. Quando se come papelão, vem logo a vontade de vomitar, mas investi nele com toda a força dos meus dentes e me concentrei na mastigação. Percebi um burburinho ao nosso redor, escutei alguém rir, vi o rosto do meu amigo Yorgos Katos se aproximar, um veterano da place Clichy. Yorgos disse, que caralho você está fazendo, Raoul, cospe essa merda, cara. Eu disse, com muito esforço, porque estava determinado a engolir aquele rei de paus, onde ela enfiou sua bengala branca? Hein? Vai lá buscar sua bengala branca, minha cara! Yorgos disse — quer dizer, acho que disse —, você não vai entrar nessa por causa de um torneio, Raoul, um passatempo. É a última frase de que me lembro. Ouvi o árbitro chamar, a mesa balançou, Hélène se levantou, esticou os braços, eu quis pegar nos dedos dela, eu a vi flutuar com os outros em círculo acima da minha cabeça, senti alguns corpos contra mim, senti ânsia de vômito e vomitei na toalha de feltro, depois apaguei. Acordei num cômodo verde-anis, que não reconheci e se revelou ser o nosso quarto de hotel. Três pessoas falavam aos sussurros na soleira da porta. Yorgos, Hélène e um desconhecido. Depois o desconhecido foi embora. Yorgos olhou na direção da cama e disse, ele está voltando. Yorgos tem um cabelo igual ao de Joseph Kessel. Uma espécie de juba de leão que agrada as mulheres e que me dá inveja. Hélène correu até minha cabeceira e disse, tudo bem? Fez um carinho na minha testa. Eu disse, o que está acontecendo? — Você não se lembra? Você teve uma pequena crise nervosa ontem à noite, durante o torneio. Você comeu um rei de paus, disse Yorgos. Eu comi um rei de paus?, penei para sentar, o que pareceu um esforço imenso. Hélène ajeitou meus travesseiros. Um raio de sol batia no rosto dela, estava linda como sempre. Eu disse, minha Bilette. Ela sorriu para mim, o médico te deu uma injeção de calmante, Rouli (nós nos chamamos de Bilette e Rouli na intimidade). Yorgos abriu a janela. Ouvimos gritos de crianças e uma música de carrossel. Imediatamente me vieram, não sei por quê, imagens esquecidas, o carrossel vazio do balneário aonde íamos quando eu era criança, o realejo, o tempo cinza. Estávamos num camping. Eu esperava o fim do dia debaixo do toldo da lanchonete, observando os animais andarem de um lado para o outro. Fui tomado por uma tristeza violenta. Pensei, nossa, o que será que esse médico louco me deu? Vou embora, disse Yorgos. Você precisa ficar descansando hoje. Amanhã já pode passear. Vai te fazer bem um pouco de natureza, sentir a brisa do mar. Nós conhecemos Yorgos num bistrô que já era quase em Batignolles. Tínhamos vinte anos. Quando o Darcey fechava, às duas da manhã, íamos para o Pont Cardinet. Passamos a vida inteira sem nos preocupar com a luz do dia. Do clube para cama, da cama para o clube. Jogamos tudo que é tipo de jogo, pôquer, gamão, depenamos muita gente por aí. Nos divertíamos com o bridge, participávamos dos grandes campeonatos internacionais. Ele era a última pessoa que poderia me recomendar natureza e passeios. Seria igual se me prescrevesse a cova. Eu disse, o que aconteceu? É grave? Você não se lembra, Rouli?, disse Hélène. Eu respondi, não lembro direito. Yorgos disse, boa sorte, querida. Ele deu um beijo em Hélène e foi embora. Hélène trouxe um copo d'água para mim. Ela disse, você perdeu a cabeça no fim de uma partida. — Por que não estamos no torneio? — Fomos expulsos. Não sei o que é que tem nos refrãos desses carrosséis, esses órgãos que deixam a gente na maior melancolia. Eu disse, feche a janela, Bilette, e as cortinas também, que vou dormir um pouco mais. No dia seguinte, em torno do meio-dia, acordei de vez bem na hora em que Hélène voltava da cidade com umas sacolas e um chapéu novo de palha rosa. Falou que eu estava com uma cara boa. Ela, por sua vez, parecia encantada com as compras e disse, o que você acha, um pouco grande, talvez? Tinha uns também com laço de fita, posso trocar. De toda forma precisamos voltar lá para comprar um para você. Eu disse, um chapéu de palha de velho, e o que mais? Hélène disse, o sol está queimando. Só me faltava você arrumar uma insolação pra completar a situação. Uma hora depois, eu estava sentado no terraço de um café da cidade velha, com óculos novos e um chapéu trançado. Hélène tinha comprado um guia turístico e se empolgava a cada página. Enquanto isso, eu marcava discretamente os cavalos que me agradavam no *Paris Turf* (tive permissão para comprar, mas não podia consultá-lo). Foi ela que trouxe o assunto de novo à tona. De repente disse, não gostei dessa história de você me chamar de imbecil na frente de todo mundo. — Eu te chamei de imbecil, minha Bilette? — Na frente de todo mundo. Ela fez um beicinho de criança magoada. É, não foi nada legal, eu disse. — E a bengala branca, isso foi horrível, não é coisa que se diga à sua esposa, pegue sua bengala branca, minha cara, na frente de quinhentas pessoas. — Quinhentas pessoas, você está exagerando um pouco. — Todo mundo ficou sabendo. — Eu estava fora de mim, Bilette, você sabe bem. — Ainda assim, foi muito constrangedor quando você comeu aquela carta. Dei de ombros e encolhi o pescoço, como faria um homem envergonhado. Estava quente. As pessoas passavam na nossa frente com vestidos vaporosos e bolsas de tela, passavam crianças tomando sorvete, meninas cobertas de bijuterias. Eu não conseguia encontrar nada para dizer a Hélène. Observava o mundo passando colorido e sem graça. Hélène disse, e se fôssemos visitar o forte? Ou o museu de arqueologia? — Está bem. Qual dos dois?, disse Hélène. — O que você preferir. — Talvez o museu de arqueologia. Lá tem objetos encontrados em navios gregos e fenícios. Vasos, joias. — Perfeito. Passando por uma rua próxima, notei um bar onde estavam passando corridas ao vivo. Eu disse, Bilette, e se a gente se separasse só por uma horinha? Hélène disse, se você entrar nesse bar, eu volto para Paris na mesma hora. Ela pegou o *Paris Turf* que eu tinha enrolado e colocado no bolso e começou a agitá-lo para todos os lados. — De que adianta estar casada se não fazemos nada juntos? De que adianta? — Fico entediado com os fenícios, Bilette. — Se os fenícios te entediam, você não tinha nada que ter estragado o torneio. — Não fui eu que estraguei o torneio. — Não foi você? Não foi você que perdeu a cabeça, que me xingou e vomitou? — Fui eu, sim, mas tive meus motivos. Tínhamos ido parar no meio da rua, e um carro buzinou com tudo. Hélène bateu no capô com o jornal. O sujeito a xingou pela janela, e ela gritou, cala a boca! Tentei pegar no braço dela para levá-la de volta para a calçada, mas ela me conteve. — Você atacou um dois de ouro, Raoul, eu achei que você tivesse uma honra de ouro. — Se eu preciso que você jogue mais ouro, eu coloco o dois de paus. — Como eu vou saber que você tem um rei terceiro? — Você não sabe, mas quando você vê que eu coloco o nove, você precisa imaginar que é uma chamada. Como se diz, Hélène, quando seu parceiro coloca um nove? Uma cha-ma-da. — Interpretei errado. — Não é que você interpretou errado, é que você não olha para as cartas, faz anos que você não olha para as cartas. — Como é que você sabe, se nem joga mais comigo? — Por isso mesmo! Formou-se um pequeno grupo em torno de nós. O chapéu de palha de Hélène era grande demais (ela estava certa), e eu me sentia meio ridículo usando o meu. Hélène estava com os olhos molhados e o nariz começava a ficar vermelho. Notei que ela havia comprado uns brincos do tipo provençais. De repente me senti invadido de ternura por ela, a mulher da minha vida, e disse, me desculpe, Bilette, estou criando caso, venha, vamos para o seu museu, vai me fazer bem ver umas ânforas e todo o resto. Enquanto eu a puxava (e fazia um discreto sinal de adeus para os curiosos),

Hélène disse, se as pedras velhas te deixam entediado, não é melhor irmos para outro lugar, Rouli? Elas não me deixam entediado, de forma nenhuma, eu disse, e olha só o que eu vou fazer. Com um gesto solene, tomei o *Paris Turf* das mãos dela e o joguei numa lixeira. Enquanto caminhávamos nas ruelas lotadas, abraçados, eu disse, e depois vamos dar uma passadinha no cassino. Abre às quatro da tarde. Se você não quiser ficar comigo no blackjack, pode ir para a roleta, minha Bilette.

Virginie Déruelle

Já na escada ouvi os gritos de Édith Piaf. Não sei como os outros residentes aguentam esse volume. Definitivamente não gosto dessas vozes miseráveis e desses R enrolados na garganta. Isso me agride. Minha tia-avó está numa casa de repouso. Seria mais preciso dizer num quarto de repouso, porque ela quase não sai de lá, e se eu fosse ela faria o mesmo. Ela faz patchworks de crochê. Colchas, fronhas ou quadrados que não servem para nada. Na verdade, nada disso tem utilidade, pois tudo que minha tia faz só serve para atrair poeira, é tudo horroroso e fora de moda. A gente finge que fica feliz quando ela nos presenteia, mas, assim que chegamos em casa, enfiamos o troço no fundo de um armário. Ninguém ousa jogar fora, por superstição, e também não é fácil achar alguém para doar. Recentemente, instalamos para ela um tocador de CD que ela consegue usar com facilidade. Ela adora Tino Rossi. Mas escuta também Édith Piaf e algumas canções de Yves Montand. Quando entrei no quarto dela, minha tia-avó tentava aguar um cacto, inundando o pratinho enquanto Piaf se esgoelava, «J'irais jusqu'au bout du monde/ Je me ferais teindre en blonde/ Si tu me le demandais...». Imediatamente baixei o volume e disse, Marie-Paule, o cacto não precisa de tanta água. Esse aqui precisa, disse minha tia-avó, esse aqui gosta de uma água, foi você que desligou *Hymne à l'amour*? Não desliguei, só baixei o volume. — Como você está, meu bem? Nossa, vê lá se não vai cair com esses sapatos, hein? Parece até que você está num poleiro! — Você que está encolhendo, Marie-Paule. — Ainda bem que estou encolhendo, olha só onde eu moro. «Je renierais ma patrie/ Je renierais mes amis/ Si tu me le demandais...» Desligo a música. Digo, ela me irrita. Quem?, diz minha tia, Cora Vaucaire? — Não é Cora Vaucaire, Marie-Paule, é Édith Piaf. De jeito nenhum, é Cora Vaucaire. *Hymne à l'amour* é Cora Vaucaire, minha cabeça ainda está no lugar, diz minha tia. Bom, se você está dizendo... Mas é a canção que me irrita, sou contra canções de amor, eu digo. Quanto mais conhecidas, mais idiotas elas são. Eu, se fosse dona do mundo, proibiria todas elas. Minha tia dá de ombros. Nada agrada aos jovens hoje em dia. Quer suco de laranja, Virginie? Ela me mostra uma garrafa já pela metade, aberta há mil anos. Recuso e digo, os jovens hoje em dia adoram canções de amor. Todos os cantores cantam isso, sou só eu, mesma, que me irrito. Você vai mudar de opinião no dia em que se interessar por algum rapaz, diz minha tia. Ela conseguiu me irritar em trinta segundos. Tão rápido quanto a minha mãe. Deve ser uma característica das mulheres da minha família. Na mesa de cabeceira tem um porta-retratos do marido dela fumando um cachimbo. Um dia ela me mostrou a gaveta da cômoda que é completamente dedicada a ele. Ela guardou todas as cartas dele, os bilhetes, os presentinhos. Não tenho nenhuma lembrança precisa do meu tio-avô, eu era pequena demais quando ele morreu. Eu me sento. Me jogo na poltrona grande e mole que ocupa espaço demais. Esse quarto é triste. Tem coisas demais, móveis demais. Tiro da minha bolsa os novelos de algodão que ela me pediu. Ela vai direto guardá-los num cesto perto da cama. Senta-se na outra poltrona. Ela diz, bom, então agora me conte. Quando a cabeça dela está boa, não consigo entender o que faz aqui, sozinha, neste presídio, longe de tudo. De vez em quando, assim que atende o telefone, tenho a impressão de que ela estava chorando. Mas desde a explosão do prato de arroz, sei que a cabeça da minha tia está cada vez menos no lugar, para usar a expressão dela. Na última vez em que eu e meus pais fomos até a casa dela, minha tia tinha colocado em cima de uma boca ligada do fogão, duas horas antes do jantar, um prato de vidro cheio de arroz cozido de véspera. Era para ter aquecido, mas o arroz permanecia frio na superfície. Minha tia foi mexer com uma espátula, isto é, espalhar tudo em cima da bancada. Era impossível dar palpite, ou entrar na cozinha. Em determinado momento nós a pegamos, pela porta entreaberta, com os antebraços afundados no arroz, misturando tudo como se estivesse esfregando um cachorro sarnento. Às oito horas o prato explodiu, polvilhando a cozinha de grãos e pedaços de vidro. Foi depois desse incidente que meus pais decidiram levá-la para uma casa de repouso. Eu digo, você gostava que Raymond fumasse cachimbo? Ele fumava cachimbo? Na foto ele está fumando. — Ah, ele fazia tipo de vez em quando. E, depois, eu não controlava tudo, sabe. Quando é que você vai se casar, minha querida? Eu digo, tenho vinte e cinco anos, Marie-Paule, ainda tenho bastante tempo. Ela diz, você quer suco de laranja? — Não, obrigada. Eu pergunto, vocês eram fiéis? Ela ri. Levanta os olhos para o céu e diz, um representante de produtos de couro, você pode imaginar, mas eu não me importava, sabe? Em algumas pessoas, é impossível visualizar o rosto que tinham na juventude. Ele se apaga com os anos. Com outras, acontece justamente o contrário, parece que se iluminam, como se fossem jovens. Vejo isso no consultório, com os doentes terminais. Com minha querida Marie-Paule também. — Raymond falava muito? Ela pensa e depois diz não, não muito. Um homem não precisa falar muito. Eu digo, você tem razão.

Virginie Déruelle

Ela rebobina um fio de lã em volta dos dedos, minha cabeça ainda está no lugar, sabe. — Eu sei que sua cabeça está no lugar, é por isso mesmo que eu quero sua opinião sobre um assunto importante. Ela diz, está bem. Você quer suco de laranja? Eu digo, não, obrigada. Então é o seguinte. Você lembra que sou secretária de um consultório médico? — Você é secretária de um consultório médico, sim, sim. — Trabalho num consultório com dois oncologistas. — Sim, sim. — E tem uma paciente do dr. Chemla, da sua idade, que vem sempre acompanhada do filho. Ele é simpático, diz minha tia. — Ele é muito simpático. O que ele tem de simpático, a mãe tem de chata. É velho. Se bobear, deve ter uns quarenta anos. Mas eu adoro os mais velhos. Os caras da minha idade me entediam. Um dia eu me vi fumando um cigarro com ele do lado de fora. Para dizer a verdade, já fazia algum tempo que eu o tinha notado. Ele é assim: moreno, não muito alto, parece uma versão mais feia daquele ator Joaquin Phoenix, sabe? Um espanhol, diz minha tia. — Sim... bom, não importa. Enfim, estávamos fumando debaixo do toldo. Sorrio para ele. Ele sorri também. Estamos ali fumando, sorrindo um para o outro. Tento fazer meu cigarro durar, mas termino antes dele. Como estou no trabalho, de uniforme e tudo, não tenho motivo nenhum para me demorar. Digo a ele, até mais, e volto para o meu subsolo. Com o passar dos meses e das consultas, troco algumas palavras com ele. Marco as consultas, encontro os endereços de outros tratamentos para a mãe dele. Um dia ela me dá chocolates de presente e diz, foi Vincent que escolheu, outra vez eu o vejo esperando um elevador que não chega e mostro para ele o dos funcionários, enfim, esse tipo de coisa. Nos dias em que vejo anotado na agenda Zawada (é o sobrenome deles), fico feliz, capricho na maquiagem. Você quer um copo de suco de laranja?, diz minha tia. — Não, obrigada.

Ele se chama Vincent Zawada. Você não acha um nome bonito? É, sim, diz minha tia. E agora estou nas nuvens, eles têm vindo toda semana, porque ela está fazendo radioterapia. Na segunda nos cruzamos de novo, eu e ele, fumando debaixo do toldo. Dessa vez, cheguei depois. Ele é como o Raymond. Não fala muito. Minha tia acena com a cabeça. Ela me escuta com toda calma, as mãos postadas nos joelhos, uma em cima da outra. Às vezes olha para fora. Bem diante de sua janela há dois choupos que escondem parte dos prédios da frente. Eu digo, me encho de coragem e ouso perguntar o que ele faz da vida. Porque é esquisito ver um homem livre assim, no meio do dia. Minha tia diz, é mesmo, é mesmo. Ela arregala seus olhos azul-noite. Mesmo sem óculos, consegue enfiar um fio pelo buraco de uma agulha pequena. Eu digo, ele é músico. É pianista e também compõe. Depois de um tempo, ele termina o cigarro. E então, em vez de voltar para a sala de espera para ficar com a mãe, sem razão alguma, porque nós não estamos mais conversando, ele continua lá. Me espera. Ele não tem motivo algum para continuar do lado de fora, você concorda? Minha tia balança a cabeça. Ainda mais porque o dia está frio e feio. Ficamos lá, os dois, como da primeira vez, sorrindo um para o outro. Não consigo pensar em nada para dizer. Fico tímida com esse homem, e olha que sou bastante saidinha de modo geral. Quando termino meu cigarro, ele empurra a porta de vidro para que eu entre na frente (o que confirma que estava me esperando) e diz, vamos pegar o seu elevador. Cada um poderia ter pegado um elevador diferente, ou ele poderia não ter dito nada, certo? Vamos pegar o seu elevador, é uma maneira de criar um vínculo entre nós, você não acha?, eu digo. Minha tia diz, acho. No elevador, que é um elevador para macas, muito comprido, ele fica do meu lado, como se o elevador fosse bem pequeno. Te juro, Marie-Paule, digo para a minha tia, não posso dizer que ele ficou grudado em mim, mas, levando em conta a dimensão do elevador, ele se posicionou realmente muito perto. Infelizmente o trajeto entre o térreo e o -2 passa rápido. Lá embaixo, caminhamos alguns metros juntos, depois ele volta para a sala de espera e eu, para a recepção. Não aconteceu quase nada, quer dizer, nada de concreto, mas quando nos separamos, na bifurcação dos corredores, tive a impressão de que estávamos nos despedindo numa plataforma de trem, depois de uma viagem secreta. Você acha que estou apaixonada, Marie-Paule? Ah, sim, está com toda a cara, diz minha tia. — Você sabe que eu nunca me apaixonei? Talvez só por umas duas horas. Duas horas não é muito, diz minha tia. — E agora, o que eu faço? Se eu ficar esperando cruzar com ele no consultório, a coisa não vai andar. Entre os pacientes, o telefone, os relatórios das consultas, não tenho tempo livre no consultório. Não, diz minha tia. — Você acha que ele gosta de mim? Parece que ele gosta, né? Ah, com certeza ele gosta, diz minha tia, ele é espanhol? Cuidado com os espanhóis. — Não, ele não é espanhol! — Então tá, melhor assim. Minha tia se levanta e vai até a janela. As árvores se movem com o vento. Elas balançam juntas, e os galhos e as folhas se agitam na mesma direção. Ela diz, veja os meus choupos. Veja como eles se divertem. Olha só onde me colocaram. Felizmente tenho esses meus dois grandões aqui. Eles forram o meu parapeito com os grãos deles, sabe, aquelas lagartinhas, e com isso os pássaros vêm. Você não quer um suco de laranja? Não, obrigada, Marie-Paule. Preciso ir embora, eu digo. Minha tia se levanta e começa a vasculhar seu cesto de lã. Ela diz, você poderia me trazer um novelo de fio Diana-Noel, verde, como este aqui? Respondo, sim, claro. Eu a abraço. Ela é minúscula, minha Marie-Paule. Me parte o coração deixá-la aqui, sozinha. Na escada, escuto de novo Édith Piaf. Parece que alguém está cantando com ela. Subo de volta alguns degraus e reconheço, por cima de uma música vibrante, a voz frágil da minha tia. «C'est inouï, quand même/ T'en fais jamais trop/ T'es l'homme, t'es l'homme, t'es l'homme/ T'es l'homme qu'il me faut».

Rémi Grobe

Então eu faço papel de quem?, perguntei para ela. — Um colaborador. — Um colaborador? Não sou advogado. Um jornalista, disse Odile. — Como o seu marido? — Por que não? — De qual jornal? — Algum bem sério. *Les Échos*. Ninguém lê isso por aqui. Chegando a Wandermines, Odile quis que eu estacionasse o carro numa ruazinha atrás da praça da igreja. Eu disse, está chovendo. — Não quero chegar numa BMW. — Pois devia, assim você vai chegar no mesmo carro que o advogado do patrão, é perfeito. Ela estava em dúvida. Tinha se arrumado, usava saltos mais altos que de costume, um penteado de madame. Eu disse, você é chique, você é a parisiense, você acha que eles querem uma esquerdista para vir representá-los de tamancos? Ela diz, está bem. Acho que ela disse está bem sobretudo por causa da chuva. Estacionei na praça. Contornei o carro com o guarda-chuva. Ela saiu. Pequena, toda embrulhada no casaco, com a echarpe em volta do pescoço, uma bolsa rígida e uma pasta com a documentação. Nessa hora, comecei a experimentar um sentimento, quero dizer, um sentimento verdadeiro. Saindo do carro, em Wandermines, debaixo da chuva. Não se fala muito sobre a influência dos lugares nos afetos. Determinadas nostalgias vêm à tona sem aviso. As pessoas mudam de natureza, como nas histórias. Na frente da igreja um tanto encoberta pela neblina, dos prédios de tijolo vermelho, do trailer de batata frita, vi a grande advogada das vítimas do amianto, uma menininha insegura que ria — adoro a risada dela — ao reconhecer as pessoas que a recebiam. Em meio àquela confraria em trajes de domingo, que apertava o passo em direção à prefeitura para fugir da chuva, enquanto eu dava o braço a Odile para ajudá-la a caminhar no chão escorregadio, experimentei a catástrofe sentimental. Nunca tinha acontecido esse tipo de bobagem entre nós. Conheço o marido dela, ela conhece as mulheres que passam pela minha vida. O nosso sempre foi apenas e somente um passatempo sexual. Eu pensei, você está tendo um momento de fraqueza, meu garoto, vai passar. Na sala municipal, Odile falou para trezentas pessoas, os operários e suas famílias. No fim de sua intervenção, todo mundo a aplaudiu. A presidente da associação das vítimas disse a ela, você encheu três ônibus para a manifestação de quinta-feira. Odile cochichou no meu ouvido, eu nasci para a política. Ela estava com o rosto vermelho, eu quase lhe disse que a política exige mais sangue frio, mas acabei não falando nada. Deixamos a sala da assembleia geral e fomos para uma outra onde havia o banquete. Às três da tarde, estávamos ainda no coquetel com espumante. Uma mulher gorducha de uns sessenta anos, de saia plissada, organizava o serviço. O sistema de som era o que havia de mais moderno nos anos 1980. Fiz amizade com um ex-operário desenformador, um cara que tinha um câncer na pleura. Ele me contou sua história de vida, as chapas onduladas partidas, os canos moídos, polidos com lixa sem proteção. O quarto de amianto, o pó. Ele me disse, nós recebíamos o amianto em tambores, brincávamos com ele como se fosse neve. Eu via Odile dançar Madison com as viúvas (ela que disse *Madison*, eu não entendo nada de dança) e um tipo de tango com homens atrelados a cilindros de oxigênio. Uma mulher falou, parece que você penteou o cabelo com um ancinho, Odile, você devia fazer uma permanente! Eu pensei, isso aqui que é a vida de verdade, essas mesas apoiadas em cavaletes, a camaradagem, o pó, Odile Toscano dançando num salão de festas. Pensei, é isso que você devia ter feito da vida, Rémi, ter sido prefeito de Wandermines, no Nord-Pas--de-Calais, com sua igreja, sua fábrica, seu cemitério. Alguém trouxe *coq au vin* em panelas imensas. Meu amigo me disse que o número de mortos enterrados recentemente no cemitério era maior que a população da cidade. Ele disse, estamos lutando. Pensei na força da expressão. Ele disse, quando meu irmão morreu, pedi que cantassem *Le Temps des cerises*. Minha cabeça estava a ponto de explodir. No fim do dia, fui eu quem dirigiu para Douai, mas estava tão bêbado quanto Odile. No quarto, Odile desabou na cama. Ela disse, estou um trapo, Rémi, não posso telefonar para as crianças neste estado, você tem aspirina? — Tenho algo melhor. Peguei uma garrafinha de conhaque no frigobar. Eu também estava um trapo e continuava um tanto desnorteado. O jeito dela de se deitar, de dobrar o travesseiro sob o rosto, de beber o conhaque num trago. A risada dela, o rosto exausto. Pensei, é minha. Minha pequena advogada, Toscano. Deitei em cima dela, a beijei, tirei sua roupa, fizemos amor bêbados e foi a dose exata de dor. Por volta das dez da noite, sentimos fome. O hotel nos indicou um restaurante que ainda estaria aberto. Perambulamos por Douai até encontrá-lo. Caminhamos ao longo de um rio chamado Scarpe, me disse Odile, não sei por que guardei esse nome, ela me disse outras coisas sobre os prédios, me mostrou o tribunal. Estava ventando e havia uma espécie de garoa úmida, mas me agradavam a atmosfera opaca, o silêncio, os postes de iluminação divertidos, eu estava disposto a ficar morando por lá. Odile caminhava intrepidamente, com o nariz inchado pelo frio. Eu queria abraçá-la, grudá-la ao meu corpo, mas me contive. Nunca tinha acontecido esse tipo de bobagem entre nós. No restaurante, pedimos uma sopa de legumes e tender. Odile quis chá e eu, cerveja. Ela disse, você não devia beber mais. Eu disse, é fofo você cuidar de mim. Ela sorriu. Eu disse, fiquei impressionado com aquelas pessoas. Levo uma vida idiota. Só encontro gente babaca sem consistência. Ela disse, nem todo mundo tem a sorte de nascer numa região mineradora. — Você também me impressiona. Ah, bom!, disse Odile, e fez um gesto para que eu desenvolvesse a ideia. — Você se envolve, se solidariza, é forte. Você é linda. — Rémi? Alô? Está tudo bem? — Não, estou falando sério, você luta com eles, por eles. — É o meu trabalho. — Você poderia agir de outra forma. Ser mais distante. Os operários te amam. Odile riu (já mencionei que adoro a risada dela). — Os operários me amam! O povo me ama, está vendo só, eu deveria entrar na política. E você, meu bem, vai dormir feito um anjo, hoje. — Você não devia tirar sarro. Estou falando sério. O jeito como você dançou, como recolheu os pratos, as palavras de conforto que falou, você encantou a todos hoje. — Você não acha que essa calça ficou meio apertada demais? — Não. — Você acha que meu cabelo parece penteado com um ancinho? — Acho, mas gosto mais do que o capacetinho de hoje cedo. De repente pensei, amanhã estaremos em Paris. Amanhã de noite, Odile estará na casa dela, no ninho acolhedor, com os filhos e o marido. Já eu, só o diabo sabe. Normalmente, isso não tem importância alguma, mas como as coisas tomaram um rumo anormal, pensei, melhor garantir o seu, meu caro. Tirei o celular do bolso, disse a Odile, com licença, e procurei o contato de Loula Moreno. Ela é bonita, engraçada e está desesperada. Exatamente o que eu preciso. Escrevi «Está livre amanhã à noite?». Odile soprava a sopa. Senti uma espécie de pânico me invadir. Uma angústia de separação. Quando eu era criança, meus pais me deixavam com outras pessoas. Eu ficava imóvel, na sombra, cada vez mais encolhido. O celular acendeu e eu li «Livre amanhã de noite, meu anjo, mas você terá que vir a Klosterneuburg». Lembrei que Loula estava filmando na Áustria. Quem mais? Tudo bem?, Odile me perguntou. Muito bem, eu disse. — Você está parecendo meio contrariado. — Um cliente que remarcou uma reunião, nada demais. E depois fiz uma expressão de indiferença e falei, o que você vai fazer amanhã à noite? Odile respondeu, vamos comemorar os setenta anos da minha mãe. — Na sua casa? — Não, na dos meus pais, em Boulogne. Ela gosta de receber. Fazer as compras, cozinhar para todo mundo. Tenho medo de que meus pais afundem na melancolia. — Eles não fazem nada? — Meu pai é inspetor de finanças, quando Raymond Barre foi primeiro-ministro, ele participou do governo, depois virou diretor do banco Wurmster. Ernest Blot, nunca ouviu falar? — Por alto. — Ele precisou parar por causa de um problema cardíaco. Agora é presidente do conselho de administração, mas é um cargo honorífico. Ele faz um pouco de trabalho voluntário, fica girando em círculos. Minha mãe, nada. Ela se sente sozinha. Meu pai é intragável. Eles deviam ter se separado há muito tempo. Odile terminou o chá, tirou a rodela de limão do fundo da xícara e arrancou a casca. Um dos efeitos da perturbação sentimental é que nada mais me escapa. Tudo vira símbolo, tudo é material a ser decodificado. Entrei na loucura de imaginar que as últimas palavras dela continham uma mensagem, e disse, você já pensou em se separar, você e seu marido? Imediatamente cobri o rosto dela com as mãos e disse, não me interessa, esquece o que eu falei, não me interessa mesmo. Quando tirei as mãos, Odile disse, ele deve pensar nisso todos os dias, eu sou insuportável. Eu disse, com certeza. Robert também é insuportável, mas ele sabe me reconquistar, ela disse engolindo o limão. Não gostei de ela ter escolhido a mesma palavra insignificante para os dois, não gostei de ela ter dito Robert, a irrupção do nome Robert no meio da conversa. Fiquei irritado por ela ter me deixado entrever a vida deles, que não me interessa em nada, com tamanha banalidade. É uma estupidez pensar que o sentimento aproxima, pelo contrário, ele consagra a distância entre as pessoas. Durante o dia, no meio da efervescência, debaixo da chuva, no púlpito com o microfone, no carro, no quarto de cortinas fechadas, Odile pareceu ao alcance do meu rosto, ao alcance dos meus carinhos. Mas naquele restaurante desolador, praticamente vazio, onde, sem querer, passei a espreitar o menor gesto dela, a tonalidade de cada palavra, com uma atenção febril, ela se esquivou, se desvaneceu num mundo do qual não faço parte. Eu disse, eu me mataria depois de dois dias se tivesse que morar aqui. Odile riu (uma risada que me pareceu ácida e formal). — Você falou o contrário dez minutos atrás. Você estava entusiasmado com Doaui. — Mudei de ideia. Eu me mataria. Ela deu de ombros. Encharcou um pedaço de pão no resto da sopa. Tive a impressão de que ela estava à beira do tédio. Senti que eu mesmo estava à beira do tédio, invadido pela melancolia dos amantes quando nada mais acontece fora da cama. Não conseguia encontrar nada para dizer. Ouvi a chuva voltar a cair e bater contra a janela. Odile fez uma cara consternada e disse, não pegamos o guarda-chuva! Pensei no desenformador, que ria com os dentes completamente manchados, pensei na organizadora com a saia plissada que a deixava ainda mais gorda, e sabe deus por quê, pensei no meu pai, carroceiro, em porte de Pantin, que esbravejava contra a serralheria porque a claraboia deixava entrar água. Fiquei tentado a contar isso para Odile, mas a tentação só durou meio segundo. Rolei a lista de contatos do celular e caí em Yorgos Katos. Pensei, pronto, lá vai você deixar as calças no pôquer, meu caro. Escrevi «Precisando de um amador para amanhã à noite? Notas de mil a rodo.» Para quem você escreveu?, disse Odile. — Para Yorgos Katos. Nunca te falei do Yorgos? — Nunca. — Um amigo que ganha a vida jogando. Uma vez, já faz anos, ele estava jogando contra Omar Sharif num torneio de bridge. Logo percebeu que havia um enxame de moças aglomeradas às suas costas. Ele pensou, elas sabem que eu jogo muito melhor que ele. Não pensou, nem por um segundo, que o que elas queriam era olhar Omar Sharif de frente. Odile disse que era apaixonada pelo príncipe do deserto de *Lawrence da Arábia*. Para ela, a imagem de Omar Sharif era sempre usando turbante, num corcel negro, e não socado numa mesa de bridge. Achei que estava coberta de razão. Fiquei leve de novo. Tudo ia voltando ao normal.

Chantal Audouin

Homem é homem. Não existe homem casado, não existe homem proibido. Isso não existe (foi o que expliquei para o dr. Lorrain quando me internaram). Quando a gente conhece alguém, não se interessa pelo estado civil da pessoa. Nem por sua situação sentimental. Os sentimentos são mutáveis e mortais. Como todas as coisas do mundo. Os animais morrem. As plantas. De um ano para o outro, os cursos d'água não são os mesmos. Nada dura. As pessoas querem acreditar no contrário. Passam a vida catando caquinhos e chamam isso de casamento, fidelidade ou sei lá o quê. Eu não me preocupo mais com essas bobagens. Tento a sorte com quem me agrada. Não tenho medo de quebrar a cara. De todo modo, não tenho nada a perder. Não vou ser bonita para sempre. O espelho já se mostra cada vez menos amigável. Um dia, a esposa de Jacques Ecoupaud, o ministro, meu amante, me telefonou para nos encontrarmos. Fiquei atordoada. Ela devia ter fuçado nas coisas dele e deparado com trocas de e-mails entre mim e Jacques. No fim da conversa, antes de desligar, ela disse: «Espero que você não fale nada para ele. Gostaria que isso ficasse mesmo entre nós». Imediatamente telefonei para Jacques e disse, vou encontrar sua esposa na quarta-feira. Jacques, pelo visto, já estava a par. Ele suspirou. O suspiro do covarde que significa, bom, já que chegamos a esse ponto. Os casais me dão engulhos. A hipocrisia deles. A presunção deles. Até hoje não consegui fazer nada contra a atração que Jacques Ecoupaud exerce sobre mim. Um sedutor de mulheres. Meu igual, em versão masculina. Com a diferença de que ele é secretário de Estado (ele sempre disse *ministro*). Com toda a parafernália que isso envolve. Carros com vidros fumê, motorista e guarda-costas. Sempre uma mesa reservada nos restaurantes. Já eu, comecei do zero. Não tenho nem diploma do Ensino Médio. Subi na vida sem ajuda de ninguém. Hoje sou decoradora de eventos. Fiz algum nome, trabalhando com cinema, com política. Uma vez, decorei um salão em Bercy para um seminário nacional sobre o desempenho dos empreendedores autônomos na França (ainda me lembro do título; espetamos uns emblemas nos buquês). Foi lá que conheci Jacques. O secretário de Estado encarregado do Turismo e do Artesanato. Um título patético, pensando bem. O tipo de homem sem pescoço, atarracado, que passa os olhos onde quer que entre para verificar se todos olharam para ele. O salão estava abarrotado de empreendedores do interior, vindos como nobres a Paris, com suas esposas todas emperiquitadas. Durante o evento, teve um vice-presidente de uma câmara de artesãos que fez um discurso. Jacques Ecoupaud veio até mim, eu estava no fundo, perto de uma janela, e me disse, está vendo esse homem que acabou de falar? Eu disse, sim. Você viu a gravata borboleta dele? Vi. Está um pouco grande, não está? É, está mesmo, eu disse. É de madeira, disse Jacques Ecoupaud. De madeira? O cara é artesão, faz molduras. Ele fez uma gravata borboleta de madeira e passou lustra-móveis para ela brilhar, disse Jacques. Eu ri e Jacques riu com sua risada meio sedutora, meio eleitoreira. E aquele ali com a maleta de veludo do James Bond? Sabe como ele se chama? Frank Ravioli. E vende ração de cachorro. No dia seguinte, Jacques estacionou seu Citroën C5 embaixo da minha casa e passamos a primeira parte da noite juntos. No geral, com os homens, sou eu que dou as cartas. Eu instigo, assanho e dou no pé de manhã cedo.

Às vezes entro na deles. Me apego um pouco. Dura o que tem que durar. Até eu ficar entediada. Jacques Ecoupaud puxou meu tapete. Ainda não entendo o que me tornou tão dependente desse homem. Um sujeito sem pescoço, que bate no meu ombro. Um fanfarrão qualquer. Ele de imediato se declarou um grande libertino. Do tipo, vou desgraçar você, mocinha. Ele sempre me chamou de mocinha. Tenho cinquenta e seis anos, um metro e setenta e seis e seios de Anita Ekberg. Isso de ser chamada de mocinha mexeu comigo. É idiota. Um grande libertino, imagina. Ainda não sei o que isso quer dizer. Eu estava disposta a experimentar. Certa noite, ele veio para minha casa com uma mulher. Uma morena de uns quarenta anos, que trabalhava na habitação social. Ela se chamava Corinne. Servi uma bebida. Jacques tirou o paletó e a gravata e se largou no sofá. A mulher e eu continuamos nas poltronas, conversando sobre o tempo e a vizinhança. Jacques disse, fiquem à vontade, minhas queridas. Tiramos um pouco da roupa, mas não tudo. Corinne parecia estar acostumada a esse tipo de situação. Dessas moças apáticas que fazem tudo que a mandam fazer. Tirou o sutiã e o pendurou num crisântemo que estava em um vaso. Jacques achou divertido. Nós duas usávamos o mesmo estilo de lingerie, do tipo levanta-defunto. Em determinado momento, Jacques abriu os braços simetricamente e disse, venham! Fomos até ele, uma de cada lado, e ele nos abraçou. Ficamos assim por um tempo, dando risadinhas, remexendo na barrigona peluda dele, bulindo com a braguilha, e de repente ele disse, bom, meninas, cheguem mais perto! Ainda sinto vergonha dessa frase. Vergonha da nossa situação, da luz crua, da ausência completa de imaginação e de dominação de Jacques. Eu esperava o marquês de Sade e estava ali um sujeito refestelado no meu sofá, falando *Bom, meninas, cheguem mais perto*. Mas na época eu fechava o olho para tudo. Se os homens se dignassem a reconhecer apenas uma qualidade nossa, seria essa. Nós os reabilitamos. Nós os botamos pra cima assim que possível. Não queremos saber que o motorista é um antigo funcionário da alfândega, que o guarda-costas é um caipira da segurança departamental do Cantal. Que o Citroën C5 é o pior tipo de veículo oficial. Que o grande libertino veio desgraçar você sem sequer trazer uma garrafa de champanhe. Thérèse Ecoupaud — é o nome da esposa de Jacques — me encontrou em um café perto da Trinité. Ela me disse, vou estar de blazer bege, lendo o *Le Monde*. Uma perspectiva hilária. Agendei manicure e tingi o cabelo na véspera. A colorista pintou um loiro mais dourado que de costume. Passei uma hora escolhendo minha roupa. Uma saia vermelha, com um suéter verde de gola redonda. Salto alto Gigi Dool. E, para coroar minha chegada triunfal, um trench cor areia, de estilo inglês. Ela já estava lá. Eu a vi imediatamente. Pela janela, ainda da rua. Devia ser da minha idade, mas parecia ter dez anos a mais. Maquiada às pressas. Cabelo curto mal cortado, raízes visíveis. Cachecol azul sobre um blazer bege largo. Pensei na hora, acabou. Jacques Ecoupaud, acabou. Quase não entrei no café. A visão daquela mulher legítima e desleixada foi muito mais matadora que todas as decepções, esperas, promessas não cumpridas, pratos e velas postos para ninguém. Ela estava sentada quase no terraço, sem o menor constrangimento, com os óculos na ponta do nariz, absorvida na leitura de seu jornal. Uma professora de latim esperando o aluno. Thérèse Ecoupaud não tinha feito o menor esforço para se apresentar diante da amante do marido. Que homem consegue viver com uma mulher dessas? Os casais me dão engulhos. O definhamento deles, sua convivência empoeirada. Não gosto de nenhum aspecto dessa estrutura ambulante que atravessa o tempo escarnecendo dos solitários. Desprezo ambas as partes e aspiro apenas à sua destruição. Mesmo assim, eu fui. Estendi a mão. Eu disse, Chantal Audouin. Ela disse, Thérèse Ecoupaud. Pedi um

Bellini, para irritá-la. Abri meu casaco mas não o tirei, como uma mulher que não tem muito tempo para dedicar àquele compromisso. Ela demonstrou imediatamente sua total indiferença. Mal lançou um olhar para mim. Ficou girando a colher de café entre o dedão e o indicador. Ela disse, meu marido escreve e-mails para você. Você responde para ele. Ele se declara. Você o excita. Quando você se entristece, ele pede desculpas. Ele a consola. Você o perdoa. Et cetera. O problema dessa correspondência é que você acredita que é a única. Você compôs um quadro em que de um lado está você, o porto do guerreiro, e do outro está a esposa enfadonha e a carreira pública. Você nunca imaginou que outras relações pudessem estar acontecendo ao mesmo tempo. Você pensa que é a única com quem meu marido se abre, a única para quem ele envia, por exemplo, às duas da manhã, uma mensagem falando de si mesmo como Jacquot (mas não vou me deter nessa tolice), «Pobre Jacquot, sozinho em seu quarto em Montauban, sentindo falta da tua pele, dos teus lábios e de....» você sabe como continua. É o mesmo texto para as três destinatárias. Foram três mulheres que receberam essa mensagem naquela noite. Mais zelosa que as outras, você respondeu de forma efusiva e, como posso dizer, inocente. Eu quis encontrá-la porque me pareceu que você está particularmente afeiçoada pelo meu marido, disse Thérèse Ecoupaud. Considerei que você ficaria feliz em ser informada, para que a queda não seja tão feia, disse essa mulher atroz. Eu disse ao dr. Lorrain, o senhor não acha normal, doutor, que as pessoas tentem se matar depois desse tipo de conversa? O melhor teria sido matar o homem, é claro. Eu aplaudo essas mulheres que liquidam seus amantes, mas não é todo mundo que tem esse temperamento. O dr. Lorrain me perguntou como eu enxergava Jacques Ecoupaud, agora que estou melhor. Eu disse, um pobre coitado. Ele levantou os braços com seu jaleco branco, como se eu tivesse acabado de ganhar alforria, um pobre coitado! Sim, doutor, um pobre coitado. Mas os pobres coitados conseguem enganar as idiotas, como o senhor pode ver. E de que me adianta vê-lo agora como um pobre coitado? Esse pobre coitado me avilta e só me faz mal. Quem foi que disse que o coração fica mais leve diante da realidade? Igor Lorrain aquiesceu com a cabeça, como se entendesse tudo, e escreveu não sei que avaliação no meu dossiê. Ao sair de seu consultório, na escada da clínica, cruzei com meu paciente predileto. Um rapaz alto e moreno, de lindos olhos claros, sempre sorridente. Do Québec. Ele me disse, bom dia, Chantal. Eu disse, bom dia, Céline. Eu disse a ele que me chamava Chantal, e ele me disse que se chamava Céline. Pelo visto, ele pensa que é a cantora Céline Dion. Mas talvez seja brincadeira dele. Está sempre com uma echarpe em volta do pescoço. Nós o vemos vagar pelos corredores ou pelas alamedas do jardim, quando o tempo está bom. Ele mexe os lábios e pronuncia palavras que não conseguimos decifrar. Não olha ninguém nos olhos. Parece que se dirige a uma frota distante, que reza do alto de um rochedo para atrair aqueles que vêm de longe, como na mitologia.

Jean Ehrenfried

Darius se sentou na imensa poltrona ortopédica, na qual ninguém consegue se acomodar confortavelmente, na minha opinião. Ele se afundou no encosto, como um homem derrotado. Alguém que entrasse no quarto não saberia dizer quem inspirava mais pena, se ele com aquela postura, ou eu, na horizontal, com curativos e soro na veia. Esperei que ele falasse. Depois de um tempo, ele disse, o pescoço jogado para frente pela almofada de apoiar a cabeça: Anita me deixou. Ainda que deitado, eu estava mais alto que ele, na minha cama hospitalar. O fato de Darius conseguir pronunciar tais palavras com uma aparência destroçada me pareceu no limite do cômico. Mais ainda por ele ter acrescentado, com uma voz que mal se escutava, ela foi embora com o paisagista. — O paisagista? — Sim. O cara que está desenhando a merda do jardim de Gassin há três anos. E que me faz gastar uma fortuna com aquelas plantas subsaarianas tenebrosas. Conheci Darius muito antes de ele ter sido expulso do Terceiro Círculo, um desses clubes fechados em que oligarcas tanto de direita quanto de esquerda armam suas tramas, imbuídos do espírito do socialmente correto e de uma devota lealdade ao poder do dinheiro. Na época, ele era diretor de diversas empresas, uma delas de consultoria de engenharia e outra de chip de telefone celular, se não me falha a memória. Eu tinha acabado de sair da divisão internacional da

Safranz-Ulm Electric para ser nomeado presidente do conselho de administração. Me afeiçoei àquele rapaz quase vinte e cinco anos mais novo que eu e que tinha o charme dos orientais. Ele era casado com Anita, a filha de um lorde inglês, com quem teve dois filhos meio fracassados. Darius Ardashir era esperto como ninguém. Ele se esgueirava com uma desenvoltura desconcertante nesse esquema de pequenos favores, de toma lá dá cá, de colocar peões nos conselhos de administração. Nunca ficava ansioso, nunca se ofendia. A mesma coisa com as mulheres. Ele acabou por fazer fortuna como intermediário em contratos internacionais. Viu-se metido em casos de corrupção, o mais espinhoso deles envolvendo a venda de um sistema de vigilância de fronteiras para a Nigéria, o que, aliás, lhe valeu a expulsão do Terceiro Círculo (na minha opinião, um clube que expulsa seus malandros é um clube de merda). Alguns de seus conhecidos tiveram uma breve passagem pela prisão, mas ele se safou sem danos reais. Sempre foi um homem que sabe dar a volta por cima, e muito fiel a seus amigos. Quando fui atacado por essa porcaria de câncer, Darius se comportou como um filho. Antes de começar uma conversa mais séria com ele, apertei toda sorte de botão para conseguir levantar a cabeceira da cama. Darius observou meu esforço, e a sequência de posições absurdas, com o olhar vazio, sem se mexer. Apareceu uma enfermeira, sem dúvida porque apertei algum botão para chamá-la. — Mas o que o senhor quer fazer, sr. Ehrenfried? — Me sentar! — O dr. Chemla já vem aqui. Ele sabe que o senhor não teve mais febre. — Diga a ele que já enchi o saco e que quero receber alta amanhã. Ela arrumou minha cama e me aconchegou como a uma criança. Perguntei a Darius se ele queria beber alguma coisa. Ele recusou e a moça saiu. Eu disse, bom. Esse paisagista, não é um acesso de loucura temporário? — Ela quer se divorciar. Deixei passar um tempo e disse, você nunca achou Anita grande coisa. Ele me olhou abismado, como se eu tivesse falado uma insensatez. — Ela teve a melhor vida do mundo. Compreendo, eu disse. — Dei tudo para ela. Me diz uma coisa que ela não teve. Casas, joias, empregadas. Viagens faraônicas. Ela não vai ficar com nada, Jean. Todos os meus bens estão em nome das empresas. A mansão de Gassin, a rue de la Tour, os móveis, as obras de arte, nada está no meu nome. Eles que se fodam. — Você sempre traiu a Anita. — O que isso tem a ver? — Você não pode odiá-la por ter um amante. — As mulheres não têm amantes. Elas são arrebatadas, entram num delírio. Ficam completamente loucas. Um homem precisa ter um lugar seguro para encarar o mundo. Você não consegue se expandir se não tem um ponto fixo, um acampamento-base. Anita é a casa. É a família. Não é porque você tem vontade de dar uma oxigenada que você não tem vontade de voltar para casa. Eu não me apego às mulheres. A única que importa é a que vem depois. Aquela imbecil dorme com o jardineiro e quer ir embora com ele. Qual o sentido disso? Enquanto escutava Darius, eu via as gotas do soro pingando. Elas me pareciam curiosamente irregulares, eu estava prestes a chamar a enfermeira. Eu disse, você teria aceitado que ela vivesse como você? — Como assim? — Que ela tivesse umas aventuras sem importância? Ele balançou a cabeça. Tirou um lenço branco do bolso, que desdobrou com cuidado antes de assoar o nariz. Fiquei pensando que o gesto era propriedade exclusiva desse tipo específico de homem. Ele disse, não. Porque isso não faz o tipo dela. Depois ele disse com uma voz lúgubre, estive em Londres nos dois últimos dias — uma viagem importante, que ela arruinou completamente — e na volta o TGV parou alguns minutos no norte da França, numa região periférica. Bem diante da minha janela havia uma casinha, tijolos vermelhos, telhas vermelhas, cercas de madeira bem-cuidadas. Gerânios nas janelas. E, presas às paredes, em vasos suspensos, mais flores. Sabe o que eu pensei, Jean? Eu pensei, nessa casa, alguém decidiu que era preciso ser feliz. Achei que ele continuaria a falar, mas se calou. Olhou para o chão, o rosto abatido. Pensei, ele está no limite. Darius Ardashir procurando tijolinho e macramê como indícios de felicidade é sinal da derrocada. Isso sem falar, pensei, que o mais inquietante é ele se referir à felicidade como um fim. Quanto a mim, precisei chamar com urgência a equipe médica, porque o tubo estava transportando bolhas de ar para o meu braço. Sabe quantos anos tem a Anita?, disse Darius. — Essas bolhas, é normal? — Que bolhas? São gotas. É o líquido. — Você acha? Olhe bem. Ele tirou os óculos e se levantou para observar o soro. — São gotas. — Tem certeza? Bata de leve na bolsa. — Para quê? — Bata. Bata. Isso ajuda. Darius bateu de leve na bolsa de soro e voltou a se sentar. Eu disse, não estou entendendo mais nada. Estou de saco cheio desses tubos todos. — Você sabe quantos anos tem a Anita? — Quantos? — Quarenta e nove. Você acha que isso é idade para desenvolver ambições de plenitude, paixão amorosa e outra imbecilidade dessas? Sabe, penso bastante na Dina, Jean. Você teve uma esposa que entendia a vida. Dina está no céu. Vocês judeus não têm paraíso, vocês têm o quê? — Não temos nada. — Bom, enfim, ela com certeza está muito bem. Ela te deixou filhos, eles são bacanas, eles se importam com você, sua filha também, seu genro, seus netos. Ela soube criar um entorno. Quando a gente fica velho, é importante ter a mão de alguém para segurar. Eu vou acabar como um rato. Anita vai dizer a você que eu mereci. Mais uma frase idiota. O que isso tem a ver com mérito? Montei um apartamento suntuoso, propriedades suntuosas, eles pensam o quê, que isso cai do céu? Por que é que eu me mato, eu saio às oito da manhã, vou dormir à meia-noite, ela não entende que faço isso por ela? E os meninos, dois zeros à esquerda que vão dilapidar tudo, eles não entendem que faço isso por eles? Não. Críticas, críticas e mais críticas. E um romance com um cretino que planta plumérias. Preferia que ela fosse embora com uma mulher. Eu perguntei, você está bem nessa poltrona? — Muito bem. Na véspera, Ernest a tinha testado por menos de um minuto antes de escolher se sentar numa cadeira dobrável. Ao escutar Darius, me lembrei de uma tarde que passei com Dina, arrumando umas coisas em casa. Tínhamos encontrado um lençol antigo bordado à mão que era da mãe dela e um belo serviço de louça italiano. Pensamos, para que serve tudo isso agora? Dina tinha jogado uma toalha de mesa por cima do sofá. Bem passada, mas um pouco amarela. Tinha alinhado as xícaras de porcelana incrustada. Objetos que um dia tiveram valor se tornam, com o tempo, um estorvo inútil. Eu não sabia o que dizer a Darius. Um casal é a coisa mais impenetrável que existe. Não se pode entender um casal, nem quando se faz parte dele. O dr. Chemla entrou no quarto. Sorridente, simpático como sempre. Fiquei feliz ao vê-lo, porque meu braço estava começando a gangrenar. Apresentei um ao outro, Darius Ardashir, um amigo querido, dr. Philip Chemla, meu salvador. E imediatamente acrescentei, doutor, o senhor não acha que meu braço está inchado? Parece que o soro não está penetrando na veia. Chemla pressionou meus dedos e meu antebraço. Olhou meu punho, virou o botão do controlador de fluxo e disse, é só terminar essa bolsa e acabou. Amanhã você vai estar em casa. Vou passar de novo para vê-lo à noite, vamos caminhar um pouco no corredor. Quando ele saiu, Darius disse, o que foi que você teve? — Uma infecção urinária. — Quantos anos tem o seu médico? — Trinta e seis. — Novo demais. — Um gênio. — Novo demais. Eu disse, o que você vai fazer? Ele se inclinou para a frente, abriu os braços como quem levanta o nada e os deixou cair. Vi seus olhos passearem pela minha mesa de cabeceira, ele disse, o que você está lendo? — *A destruição dos judeus da Europa*, de Raul Hilberg. — Foi o melhor que você encontrou para ler no hospital? — É perfeito para o hospital. Quando as coisas não vão bem, os livros tristes são os melhores. Darius pegou o livro, um calhamaço. Folheou-o com um olhar embotado. — Então você o recomenda. — Fortemente. Ele até sorriu. Colocou o livro de volta na mesa e disse, ela deveria ter me avisado. Não consigo admitir que tenha me traído em segredo. Apesar de Chemla ter verificado, eu continuava com a impressão de que meu braço estava inchando. Eu disse, olhe para os meus braços, você acha que os dois estão do mesmo tamanho? Darius se levantou, colocou de novo os óculos, olhou meus braços e disse, exatamente iguais. Depois se sentou de novo. Ficamos um tempinho em silêncio, escutando os barulhos do corredor, as macas, as vozes. Então Darius disse, as mulheres se apropriaram do papel de mártires. Ficam bradando sua teoria aos quatro ventos. Elas se lamuriam e se queixam. Sendo que, na verdade, o verdadeiro mártir é o homem. Quando ouvi isso, pensei na frase do meu amigo Serge, quando estava no início do Alzheimer. Ele queria ir, não sei por quê, para a rue de l'Homme-marié. Ninguém sabia onde ficava essa tal rue de l'Homme--marié. Por fim, entenderam que ele estava falando da rue des Martyrs. Contei essa anedota para Darius, que o conhecia de vista. Ele me perguntou, e como ele está? Eu disse, está indo. O principal é não contrariá-lo, eu sempre concordo com ele. Darius aquiesceu com a cabeça. Olhou fixamente para um ponto do piso, perto da porta, e disse, uma maravilha, essa doença.

Damien Barnèche

Meu pai me dizia, se alguém perguntar o que seu pai faz, você diz assessor técnico. Na verdade, ele recebia um salário de assessor técnico em troca de uma parceria no bridge com um cara que gerenciava licitações. Meu avô foi à falência com os cavalos e meu pai, por muitos anos, foi banido dos cassinos. Loula me escuta como se eu contasse histórias incríveis. Ela é realmente linda. Todo dia de manhã, entra no meu carro, enfim, quer dizer, no carro que a produção do filme coloca à disposição para buscá-la em casa e levá-la de volta. Ela se senta na frente, ao meu lado, um pouco sonolenta. Tenho ordens de não falar com ela se ela não me dirigir a palavra, supostamente devo respeitar seu cansaço e sua concentração. Mas Loula Moreno me faz perguntas, se interessa por mim, não fala apenas de si, como as atrizes costumam fazer. Digo a ela que gosto de cinema, que trabalho na produção mas preferiria estar na direção. Na verdade, não sei muito bem o que eu gostaria de fazer. Sou o primeiro Barnèche que não joga. Ela me chama de você, eu respondo *a senhora*, ainda que eu tenha vinte e dois anos e ela tenha acabado de fazer trinta (foi o que me disse). Com o passar do tempo, vou contando minha vida para ela. Loula Moreno é curiosa e perspicaz. Logo percebeu que eu estava interessado por Géraldine, a assistente de figurino, uma morena de olhos claros e cabelo abundante. A primeira impressão que tive dela foi ambivalente, porque falamos de música e eu soube na mesma hora que ela adorava os Black Eyed Peas e a cantora Zaz. Isso costuma me broxar imediatamente. Mas o fato de estarmos em Klosterneuburg, começamos as filmagens na Áustria, talvez tenha me tornado mais tolerante (ou mais frouxo). Sobretudo porque logo descobrimos uma paixão em comum pelos Pim's. Lembramos que, quando a gente era criança, eles faziam um Pim's de chocolate branco com cereja. Concordamos que a versão do Casino não era tão boa. Géraldine me perguntou se eu achava que um dia o Pim's faria um Pim's caramelo. Eu disse, sim, mas vão precisar fazer um biscoito mais duro ou um caramelo líquido mais fininho, porque não pode ser uma substância mole em cima de outra mole. Géraldine disse, mas se isso acontecer não vai ser mais Pim's. Eu estava plenamente de acordo. Ela não conhecia o Pim's sabor pera, que é difícil de encontrar e pouca gente conhece. Eu disse a ela, é o auge do Pim's. A geleia é mais grossinha, ao contrário da de framboesa ou laranja, mas você só percebe isso ao morder. Ela então se espalha. A laranja se entrega na hora, a pera demora um pouco mais. Se funde com o biscoito. Até a embalagem é perfeita. O pacote é de uma elegância... Não usaram um verde ridículo, eles usaram um ocre, sabe? Ela ficou frenética. No fim eu disse, seu primeiro Pim's de pera você tem que comer olhando o pacote. Ela disse, sim, sim, claro! Eu me apaixonei por ela porque é muito difícil encontrar alguém que entenda esse tipo de coisa. Loula aprova. Não consigo descobrir se tenho alguma chance com Géraldine. Quando uma garota me atrai mesmo, não sou do tipo que se joga. Preciso de uma garantia. Em Klosterneuburg, tive a impressão de que ela estava a fim de mim. Mas desde que voltamos, ela não para de dar em cima do operador de som. Um molecão que te cumprimenta com a saudação de escoteiro (não tenho certeza se é irônico, e se for irônico é ainda pior). E ainda surgiu uma outra dificuldade, que não existia na Áustria: ela usa sapatilhas. Inclusive com vestido. Na faculdade, quando você olhava para baixo via uma floresta de pernas com sapatilhas. Para mim, sapatilhas são sinônimo de tédio e ausência de sexo. Loula me pediu para fazer uma lista de coisas que me irritam numa garota. Eu disse que a lista seria praticamente infinita. — Comece. Eu disse, se a garota tem um cabelo idiota. Se analisa tudo. Se é crente. Se é militante. Se só tem amiga mulher. Se adora o Justin Timberlake. Se tem blog. Loula riu. Eu disse, se ela não sabe rir como a senhora. Numa noite, fizeram uma festinha, era o último dia de filmagem de um ator. Loula me aconselhou a não deixar o operador de som ganhar terreno. Eu me vi sentado, ombro com ombro, com Géraldine, na escada que levava até o subsolo onde o cenário era armazenado. Eu tinha surrupiado uma garrafa de vinho tinto, a gente estava bebendo em copo reciclável. Sobretudo eu. Eu disse (com a voz sussurrante dos atores americanos nas séries, quando chega a cena anterior ao beijo), se eu fosse presidente, faria de imediato um monte de reformas. Uma diretriz europeia contra os cabides que supostamente prendem as calças mas as deixam cair assim que viramos as costas. Uma lei contra o papel de seda nas meias (que se chama papel de seda mas que está entre o papel de seda e o papel vegetal), que não serve para nada além de fazer a gente perder tempo ou para dizer «eu sou novinha». Uma lei que impediria as bulas de nos atrapalharem quando precisamos abrir uma caixa de remédio. O sujeito fica tateando para pegar o sonífero e certamente se enrola com o papel, aí na hora acaba jogando fora a bula que enche seu saco. Os laboratórios deveriam ser acusados de assassinato, considerando o risco que nos fazem correr. Géraldine disse, você toma soníferos? — Não, só anti-histamínicos. — Que isso? Eu não estava suficientemente alcoolizado a ponto de não ver o tamanho do problema: Géraldine, além de não estar se jogando aos poucos nos meus braços, encantada com as minhas bobagens, também não conhecia a palavra *anti-histamínico*. Sem falar no tom de desaprovação em relação aos soníferos, o que revelava uma personalidade rígida e uma tendência *new age*. Eu disse, são remédios para alergia. — Você tem alergia? — Tenho asma. — Asma? Por que ela tinha que ficar repetindo tudo? Eu disse, depois de beber direto do gargalo, e adotando uma voz lúgubre, e rinite alérgica, e outros tipos de alergia. E depois eu a beijei. Ela deixou que eu a beijasse. Eu a inclinei sobre os degraus, contra a parede de concreto do depósito, e comecei a boliná-la de qualquer jeito. Ela ficou se debatendo, ficou falando uma coisa que não entendi, e isso me irritou, eu disse o que foi, completamente excitado, o que foi? O que foi? Ela repetiu, aqui não, aqui não, Damien! Ela tentou me empurrar, do jeito que as garotas fazem, meio querendo, meio não querendo, enterrei a cabeça dentro da camiseta dela, ela estava sem sutiã, abocanhei um mamilo com os lábios, eu escutava uns gemidos incompreensíveis, acariciei as coxas dela, a bunda, cheguei na calcinha, tentei levar a mão dela para o meu pau, e de repente ela recuou pra valer, me empurrou com os braços, as pernas, dando chutes para todos os lados e gritando para, para! Eu me vi prensado contra a parede do lado oposto, de cara para uma garota exasperada, com o rosto vermelho. Ela disse, você é louco! Eu disse, o que foi que eu fiz? — Você está me zoando? — Desculpa. Eu achei que você... parecia que você também queria... — Não aqui. Não desse jeito. — Como assim, não desse jeito? — Com essa brutalidade toda. Sem preliminares. As mulheres precisam de preliminares, ninguém te ensinou isso, não? Ela tentou ajeitar o cabelo, fez o mesmo gesto dez vezes para reuni-los na nuca. Eu pensava *preliminares*, que palavra terrível. Eu disse, deixa o seu cabelo em paz, fica bonito bagunçado. — Eu não quero que fique bagunçado. Bebi o resto da garrafa e disse, que vinho horroroso. — Por que você está bebendo? — Vem me dar um beijo. — Não. Tinham colocado uma música alta, mas eu não conseguia decifrar qual era. Estiquei a mão, mendigando, vem cá. — Não. Ela fez um coque no cabelo e se levantou. Grudei a cabeça na parede, o corpo esticado. Nada acontecia. Ela ficou ali de pé, os braços pendentes. Eu, no chão, amassando o copo de plástico com uma das mãos. Então ser jovem era isso, ter a vida inteira pela frente. Ou seja, nada. Um abismo profundo. Mas não um abismo em que você cai. Ele está no alto, na sua frente. Meu pai tem razão em passar a vida jogando. Géraldine ficou de cócoras ao meu lado. Comecei a sentir dor de cabeça. Ela disse, tudo bem? — Sim. — No que você está pensando? — Em nada. — Está, sim, me diz. — Em nada, estou dizendo. Esperei até me acalmar um pouco e a beijei, sem tocar em mais nada. Levantei, ajeitei a roupa e disse, vou para casa. Ela se levantou imediatamente e disse, vou para casa também. — Você está bravo? — Não. Essas tergiversações me irritam. Essa vozinha melosa de repente. Subi os degraus com passos largos, percebi que ela se apressava para me acompanhar. Um pouco antes de chegar lá em cima, ela disse, Damien? — O quê? — Nada. No térreo, o clima estava bom, as pessoas dançando, Loula Moreno tinha ido embora, claro. No dia seguinte, no carro, contei por alto como tinha sido a noite. Loula disse, vocês foram embora como? — Eu peguei o carro e voltei para casa. — Como vocês se despediram? — Tchau, tchau, um beijo no rosto. Péssimo, disse Loula. Péssimo, repeti. Mal tinha amanhecido, o tempo estava uma merda. Eu tinha ligado tudo que se pode ligar num carro, limpador de para-brisa, desembaçador, aquecimento multidirecional. Eu disse, na vida real eu tenho uma scooter. Loula acenou com a cabeça.

— Eu usava patins quando meus amigos tinham bicicleta, bicicleta quando eles tinham scooter, agora uma scooter enquanto eles têm carro. Sou aquele cara que está sempre um passo atrás. Eu disse, existe uma receita muito conhecida para conquistar as mulheres, todo mundo sabe, é não abrir a boca. Os caras que agradam são caladões e mal-humorados. Já eu não me acho suficientemente bonito, suficientemente interessante para ficar calado. Eu falo demais, faço piada, quero ser engraçado o tempo todo. Até com a senhora quero ser engraçado. Depois de falar uma série de gracinhas, costumo me fechar, porque me sinto mal. Principalmente quando a coisa vai por água baixo, fico meio arredio, fecho a cara por uns quinze minutos. Depois o engraçadinho volta à cena. Todo esse circo da sedução me enche o saco. Loula disse, que scooter você tem? — Uma Yamaha Xenter 125. A senhora sabe qual é? — Por um tempo, tive uma Vespa. Rosa, como em *A princesa e o plebeu*. Eu disse, consigo ver a senhora na Vespa. Devia ser uma graça. Esse filme não era em preto e branco? Ela ficou pensando. Então disse, é mesmo, era. Mas parecia ser rosa. Bom, talvez não fosse rosa.

Luc Condamine

Ontem, bati em Juliette com a guia do cachorro, eu disse. Você tem cachorro?, disse Lionel. Robert estava fazendo um espaguete para nós na cozinha. Com um molho napolitano. É assim que gosto de encontrá-los, meus dois amigos idiotas. Sentados à mesa da cozinha. Sem as mulheres. Deixados a sós, e com o pior de nós, de acordo com Lionel. Acertei minha filha com a guia do cachorro, repeti. Depois de uma briga que começou com a petulância dela, eu disse, na hora em que ela estava saindo do quarto, e não bata a porta! Ela bateu a porta com mais força ainda. Peguei a guia que estava por ali, a alcancei no corredor e lhe dei uma surra. Não senti nenhum remorso nem constrangimento. Em vez disso, uma espécie de alívio. Essa criança toca o terror na casa e grita conosco com uma voz agudíssima. Quando soube que eu tinha batido na nossa filha com a guia do cachorro, Anne-Laure ficou com o rosto deformado, muda. Ela faz aquelas caras de teatro ídiche, para expressar seu desprezo. Isso é novidade. Ela saiu do quarto, aí voltou uns minutos depois, no grande silêncio punitivo das mulheres, para me mostrar as lacerações no braço e em uma parte das costas. Eu disse, ela mereceu. Juliette me esquadrinhou com o rosto inchado e vermelho e disse, eu te odeio. Achei ela bonitinha, e a voz tinha um tom normal. Anne-Laure disse, você devia procurar ajuda.

Será que eu deveria procurar ajuda? Eu não lembrava mais que você tinha cachorro, disse Lionel. — Uma ratazana. Mas pode chamar de cachorro. É bom mesmo esse vinho. Brunello di Montalcino 2006. Muito bem. Não tenho mais paciência nenhuma com as mulheres. Outro dia estava com minha mãe no telefone, Anne-Laure se olhando no espelho (ela está se achando enrugada), Juliette gritando com a irmã, eu pensei, puta que o pariu! Vou pedir para o jornal me mandar para longe. E Paola?, perguntou Robert, você ainda se encontra com ela? — Encontro. Mas vou parar. Você não contou nada para Odile, contou? — Não, não. Vai parar por quê? — Porque chega um momento em que por trás da cortesã brota a mulher convencional. Eu, que só gosto de mulher de boteco, fascino as intelectualoides que me convidam para noitadas poéticas. Ela é boa demais para você, disse Robert. — É exatamente isso que eu tenho contra ela. Aliás, que fim levou a história com a Virginie Déruelle? Quem é essa?, perguntou Lionel. Uma que ele conheceu no clube e queria passar pra mim, respondeu Robert. — Que eu passei. — Bom, tanto faz. — E então? Robert riu e tirou da panela um fio longo de espaguete, provou, está cozido? Deixo um pouco mais? — Está bom. Conta logo! — Não. — Com tantos conselhos preciosos que a gente poderia dar sobre a aventura dele, ele se contenta em vivê-la sozinho, eu disse para Lionel. No mesmo instante escutamos uma música estridente vindo de algum lugar do apartamento. — Que isso? É o Simon, disse Robert, ele vai acabar fazendo a gente ser expulso do prédio, esse imbecil. Ele abandonou o espaguete e saiu correndo pelo corredor. A música parou do nada. Ouvimos uma discussão. Ele voltou com o filho caçula, que tem uma cara realmente simpática. Eu adoraria ter um filho. Robert disse, se os vizinhos interfonarem, vou deixar o seu irmão se virar com eles. E vou ficar do lado deles, sem a menor dúvida. Você quer o que, leite? Antoine balbuciou, quero suco de groselha. — De noite, não, não depois de ter escovado os dentes. Suco de groselha, repetiu Antoine. — Por que você não quer leite? Você adora leite! — Eu quero suco. Dá esse suco para ele, qual o problema?, eu disse. Robert serviu um copo de suco. Vamos, para a cama, esquilinho. Robert escorreu o espaguete e serviu em um prato posto na mesa. Lionel disse, com Jacob passamos pela mesma coisa por muitos anos. Os vizinhos viviam batendo na porta ou interfonando. E como está o Jacob? Ainda estagiando em Londres?, perguntou Robert. Lionel aquiesceu. Um estágio de que, mesmo?, perguntei. — Numa gravadora. — Qual? — Um selo pequeno. — Ele está feliz? — Parece que sim. Robert estava ocupado nos servindo. Ralava o queijo parmesão. Cortava o manjericão, que espalhava em cima do molho. Organizava os temperos, azeite de oliva da Sicília, azeite com pimenta. Enchia nossos copos. Estávamos bem, nós três. Eu disse, que bom que estamos os três aqui. Brindamos. À amizade. À velhice. À qualidade do asilo que nos receberá. E à honra de contar com a rara presença de Lionel, disse Robert. Lionel tentou protestar. Eu disse, confessa que você nunca tem tempo, ele tem razão. É mais fácil marcar um encontro com Nelson Mandela que com Lionel Hutner. Ei! Cadê o senso de humor, meu caro? Você é o único aqui que conseguiu ser feliz no casamento. Isso com certeza exige tempo. A porta se abriu e Simon apareceu, o primogênito de Odile e Robert. Um corpo de criança e uma mecha castanha ondulada, misteriosamente grudenta, puxada sobre a testa, revelando uma preocupação com a moda. O que foi agora?, disse Robert, nós adoraríamos não ser mais incomodados, se for possível. — Ainda tem suco de groselha? Ah, que delícia, tem macarrão! Posso experimentar? — Faz o teu prato e some daqui. Observei a alegria e a animação nos olhos do menino de pijama vermelho curto demais, enquanto o espaguete, o tomate e o queijo iam formando um montinho no prato. Esperei até ele sair, com o suco na outra mão, e disse, ser feliz é uma predisposição. Não tem como ser feliz no amor se você não tem uma predisposição para ser feliz. Meu caro, você vai acabar estragando a nossa noite, se for por aí, disse Robert. Concentre-se no espaguete. Nenhum elogio? Está excelente, disse Lionel. — Quando morrermos, Anne-Laure e eu, o cômputo geral será apocalíptico. Mas quem vai se preocupar com esse cômputo geral? Não vou estar nem aí por ter desperdiçado minha vida. Estou pensando em entrar no judô em setembro. Também quero macarrão, disse Antoine, que acabava de voltar. Você já comeu, qual o problema de vocês, volta para a cama, berrou Robert. Por que Simon pode comer de novo? — Porque ele tem doze anos. Ah, isso com certeza vai convencê-lo, interferi. Robert pegou um prato e jogou nele um punhado de espaguete. Sem molho, só queijo, disse Antoine. — Aqui, agora dá no pé. Robert abriu outra garrafa de Brunello. Você está quieto hoje, eu disse para Lionel. Lionel estava esquisito. Olhava para o fundo do copo, girando-o. Depois anunciou, com uma voz cavernosa, Jacob está internado. Seguiu-se um silêncio. Ele disse, ele não está em Londres, mas numa instituição psiquiátrica em Rueil-Malmaison. Posso contar com a discrição de vocês? Não comentem nada com Anne-Laure, Odile ou quem quer que seja. Robert e eu dissemos, é claro. É claro. Robert encheu o copo de Lionel. Lionel bebeu vários goles seguidos. — Vocês se lembram da propensão dele a... de como ele adorava a... Céline Dion? Assim que pronunciou o nome, Lionel começou a rir, cuspindo perdigotos, de uma maneira incontrolável, os olhos embaçados e vermelhos e o corpo sacudido por espasmos. Ficamos petrificados por vê-lo rir assim. Ele tentou dizer outra coisa, mas tínhamos a impressão de que só conseguia repetir esse nome, e de novo, não por inteiro, com uma voz sufocada, a cada vez engolido por uma hilaridade trágica. Enxugava as lágrimas nas bochechas com a palma inteira da mão, não sabíamos se estava rindo ou chorando. Depois de um tempo ele se acalmou. Robert deu uns tapinhas no ombro dele. Ficamos assim. Os três em torno da mesa. Sem entender nada e sem saber o que fazer. Então Lionel se levantou. Abriu a torneira da pia e aspergiu o rosto com a água diversas vezes. Virou-se para nós e disse, num esforço visível para escolher as palavras, Jacob pensa que é a Céline Dion. Ele está convencido de que *é* a Céline Dion. Eu nem me atrevia a olhar para Robert. Lionel tinha pronunciado a segunda frase na maior seriedade e nos observava com olhos assustados. Eu pensei, é só não olhar para Robert, que consigo manter uma expressão de empatia. É só ignorar Robert que consigo manter no rosto a máscara de pesar de que Lionel precisa. Era a criança mais alegre do mundo, disse Lionel. A mais criativa. Ele inventava paisagens no quarto, arquipélagos, um zoológico, um estacionamento. Organizava todo tipo de espetáculos. E não só de música. Ele tinha uma loja com dinheiro de mentira. Gritava, a loja está aberta! Não sei por quê, essa evocação da loja fez com que ele mergulhasse num devaneio preocupado. Passou a olhar fixamente um ponto no ladrilho. Então disse, você tem razão, ser feliz é uma predisposição. Talvez fosse melhor não ter essa predisposição na infância. Me fiz essa pergunta. Ter uma infância feliz talvez não seja bom para a vida futura. Olhando Lionel de pé no meio da cozinha, o cinto alto demais, a camisa mal-ajambrada para dentro da calça, pensei que bastava um nada para que um homem parecesse vulnerável. Atrás de mim Robert disse, venha aqui se sentar, meu caro. Cometi o erro de me virar para trás. Em questão de segundos, meus olhos cruzaram com os dele. Não sei dizer quem desmontou primeiro. Nós nos curvamos sobre a mesa, sufocando o riso. Eu me lembro de ter agarrado o braço de Robert para mandá-lo parar, ainda consigo escutar o som dos engasgos descontrolados. Nós nos levantamos, ainda rindo, e imploramos que Lionel nos perdoasse. Robert abraçou Lionel, eu me juntei a eles, e nós o abraçamos como duas crianças envergonhadas que se escondem debaixo da saia da mãe. Então Robert se soltou de nós. Depois do que imaginei ter sido um grande esforço de concentração, ele tinha conseguido restabelecer uma expressão séria. Ele disse, você sabe que a gente não está tirando sarro. Lionel foi majestoso, sorriu gentilmente e disse, eu sei, eu sei. Nós voltamos à mesa. Robert encheu os copos. Bridamos mais uma vez. À amizade. À saúde de Jacob. Fizemos algumas perguntas. Lionel disse, Pascaline que me impressiona. Eu sei que ela está muito preocupada, mas consegue se manter alegre, continua positiva. Não digam a ela que vocês já sabem. Se um dia ela falar para vocês, vocês não sabem de nada. Prometemos não dizer nada. Tentamos mudar de assunto. Lionel me perguntou sobre minhas reportagens recentes. Contei para eles da inauguração do memorial judaico em Skopje. A cerimônia ao ar livre com cadeiras de plástico. O som de fanfarra vindo de longe, como um barulho de brinquedo. Os três soldados macedônios, espécie de skinheads de cabeça raspada, capa longa, braços horizontais, trazendo uma almofada sobre a qual havia uma lata de refrigerante que na verdade era uma urna com as cinzas das vítimas de

Treblinka. Uma cena completamente grotesca. Um mês depois, nova fanfarra em Ruanda. Décimo oitavo aniversário do genocídio, no estádio de Kigali. Surgindo de uma porta que parecia a entrada dos leões em *Ben Hur*, uns sujeitos marchando em passo de ganso, girando bastões. Eu disse, por que todos esses massacres precisam terminar em fanfarra? Pois é, boa pergunta, comentou Lionel. E começamos a rir, os três, sem dúvida bêbados.

Hélène Barnèche

Outro dia, no ônibus, um homem bem corpulento se sentou no banco à minha frente, ao lado da janela. Só depois de um tempo é que notei sua presença. Levantei a cabeça porque senti aqueles olhos pousados sobre mim. O homem me esquadrinhava, com um ar consideravelmente sério, quase divinatório. Fiz aquilo que se faz nessas ocasiões, sustenta-se o olhar com coragem, para deixar clara a indiferença, e volta-se a contemplar outras coisas. Mas fiquei desconfortável. Percebia o interesse persistente dele e até me perguntei se não devia fazer algum comentário. Estava pensando nisso quando escutei, Hélène? Hélène Barnèche? Eu disse, nós nos conhecemos? Ele disse, como se fosse o único no mundo, e na verdade era mesmo, Igor. Foi menos o nome, e mais a maneira de pronunciá-lo que reconheci imediatamente. Uma maneira de arrastar o O, de introduzir uma ironia pretensiosa nessas duas sílabas. Repeti o nome, de um jeito ridículo, e foi minha vez de esquadrinhar o rosto dele. Sou o tipo de mulher que não gosta de fotos (nunca tiro fotos), que não gosta de imagem alguma, alegre ou triste, capaz de despertar uma emoção. As emoções são assustadoras. Eu queria que a vida seguisse em frente e que tudo fosse apagado com o passar do tempo. Não consegui associar esse novo Igor àquele do passado. Nem sua consistência física, nem qualquer atributo de sua magia. Mas eu me lembrava do período da minha vida que tinha ficado marcado com o nome dele. Quando conheci Igor Lorrain, eu tinha vinte e seis anos, ele um pouco mais. Eu já estava casada com Raoul e trabalhava na Caisse des dépôts como secretária. Ele estudava medicina. Naquela época, Raoul passava as noites em cafés, jogando cartas. Um colega, Yorgos, tinha levado Igor ao Darcey, na place Clichy. Eu ia lá quase todas as noites, mas voltava cedo para casa. Igor costumava me oferecer carona. Ele tinha um 2CV azul; dávamos a partida nele com uma manivela abrindo o capô, porque a grelha estava deformada. Ele era alto e magro. Estava em dúvida entre o bridge e a psiquiatria. Era louco, mais do que tudo. Era difícil resistir a ele. Certa noite, se inclinou sobre mim num semáforo fechado e disse, coitada de você, Hélène, você está muito desamparada. E me beijou. Era mentira, eu não me sentia desamparada, mas enquanto fiquei pensando já estava nos braços dele. Não tínhamos comido nada, e ele me levou para um pequeno bistrô, em porte de Saint-Cloud. Imediatamente entendi com quem estava lidando. Ele pediu dois pratos de frango com vagem. Quando fomos servidos, ele provou e disse, tome, coloque sal. Eu disse, não, está bom assim para mim. Ele disse, claro que não, está faltando sal, coloque mais sal. Eu disse, está tudo certo, Igor. Ele disse, coloque sal, estou te falando. E coloquei sal. Igor Lorrain vinha do Norte, como eu. Ele era de Béthune. O pai dele trabalhava com transporte fluvial. Ninguém fazia gracinhas na minha casa. Muito menos na dele. Nas nossas famílias, de repente você levava um safanão, um tapa, isso quando não te arremessavam alguma coisa na cara. Por muito tempo eu brigava à toa. Batia nas minhas amigas, batia nos meus namorados. Cheguei a bater em Raoul no começo, mas ele achava divertido. Eu não sabia o que mais podia fazer quando ele me contrariava. Eu batia nele. Ele se curvava com exagero, como se sob o efeito de uma praga do Egito, ou então segurava meu punho com uma mão só, rindo. Nunca bati em Damien. Nunca mais bati em ninguém depois que tive filho. No ônibus 95, que vai da place Clichy até a porte de Vanves, lembrei o que tinha me prendido a Igor Lorrain. Não foi o amor, ou qualquer nome que se dê ao sentimento, mas a selvageria. Ele se inclinou e disse, você está me reconhecendo? Eu disse, sim e não. Ele sorriu. Lembrei também que, no passado, eu nunca conseguia responder a ele com clareza. — Você ainda se chama Hélène Barnèche? — Sim. — Ainda está casada com Raoul Barnèche? — Sim. Eu queria falar uma frase mais comprida, mas era estranho pensar em chamá-lo de «você». Ele tinha cabelos compridos grisalhos, puxados para trás de uma maneira curiosa, e um pescoço inchado. Em seus olhos, reencontrei o grão de loucura lúgubre que tinha me fisgado. Comecei a me passar em revista mentalmente. Meu cabelo, meu vestido e meu colete, minhas mãos. Ele se inclinou de novo para dizer, você está feliz? Eu disse, sim, e pensei, que descarado. Ele acenou com a cabeça e fez uma expressão enternecida, você está feliz, muito bem. Tive vontade de dar na cara dele. Trinta anos de serenidade varridos em dez segundos. Eu disse, e você, Igor? Ele se recostou no assento e respondeu, eu, não. — Você é psiquiatra? — Psiquiatra e psicanalista. Fiz um biquinho para expressar que eu não estava a par dessas sutilezas. Ele esboçou um gesto para expressar que não tinha importância. Então perguntou, para onde você está indo? Essas cinco palavras mexeram comigo. *Para onde você está indo*, como se tivéssemos nos visto no dia anterior. Com o mesmo tom de antigamente, como se não tivéssemos feito nada na vida além de andar em círculos. *Para onde você está indo* me trespassou. Sensações confusas vieram à tona. Existe em mim uma região abandonada que aspira à tirania. Raoul nunca me *controlou*. Meu Rouli só pensa em jogar e se divertir. Nunca ocorreu a ele vigiar sua querida esposa. Igor Lorrain queria me prender. Queria saber em detalhes aonde eu estava indo, o que eu ia fazer e com quem. Dizia, você é minha. Eu dizia, não. Ele dizia, diga que você é minha. Não. Ele apertava meu pescoço, apertava forte até que eu dissesse, eu sou sua. Outras vezes ele me batia. Eu precisava repetir aquelas palavras, porque ele não conseguia ouvir. Eu me debatia, socava para todos os lados, mas ele sempre me dominava. Acabávamos na cama, para nos consolar. Na sequência, eu fugia da casa dele. Ele morava em um sótão minúsculo no boulevard Exelmans. Eu fugia pela escada. Ele se debruçava no corrimão e gritava, diga que você é minha, e eu dizia, descendo, não, não, não. Ele me alcançava, me prensava contra a parede ou a grade do elevador (às vezes passava algum vizinho), e dizia, para onde você está indo, sua cadelinha? Você sabe que é minha. Nós transávamos de novo nos degraus. Mulher gosta de ser dominada. Mulher gosta de ser acorrentada. Não dá para explicar isso para todo mundo. Eu tentava restaurar o homem que estava à minha frente no ônibus. Um bonitão gasto, envelhecido. Eu não reconhecia o ritmo do corpo. Mas o olhar, sim. A voz também. — Para onde você está indo? — Para o Pasteur. — Fazer o que no Pasteur? — Você está querendo saber demais. — Você tem filhos? — Um filho. — Quantos anos ele tem? — Vinte e dois. E você, tem filhos? — Como ele se chama? — Meu filho? Damien. E você, tem filhos? Igor Lorrain acenou a cabeça. Olhou pela janela um anúncio de um aquecedor. Será que ele podia ter filhos? É claro que sim. Qualquer um pode ter filhos. Eu adoraria saber com que tipo de mulher. Fiquei com vontade de perguntar se ele era casado, mas não perguntei. Senti pena dele e de mim. Dois velhos, praticamente, se arrastando por Paris, levando suas vidinhas. Ele tinha colocado ao seu lado uma pasta de couro puída. A alça estava desbotada. Pareceu muito sozinho. A postura, a roupa. Dá para ver quando ninguém cuida da pessoa. Talvez ele tenha alguém, mas não alguém que cuide dele. Eu mimo meu Rouli. Pode-se até dizer que eu o importuno. Escolho as roupas dele, tinjo as sobrancelhas, o impeço de beber, de comer o pote inteiro de mix de castanhas. À minha maneira, também sou sozinha. Raoul é doce e carinhoso (menos quando fazemos dupla no bridge, aí ele se transforma), mas sei que se entedia comigo (menos quando vamos ao cinema). Ele fica feliz quando está com os amigos, inventou para si uma vida à margem da realidade e das obrigações de todo mundo. Minha amiga Chantal diz que Raoul parece um político. Os políticos estão sempre ausentes, mesmo quando estão ali. Damien foi embora. Até me obriguei a forçar sua saída, de certa forma. Fazendo faxina no quarto dele, encontrei vestígios de todas as épocas. Certa noite me sentei na cama dele e chorei ao abrir uma caixa cheia de castanhas pintadas. Os filhos vão embora, não tem jeito, é normal. Igor Lorrain disse, vou descer aqui, venha comigo. Olhei o nome da parada, era Rennes-Saint-Placide. Eu disse, vou descer em Pasteur-Docteur-Roux. Ele deu de ombros, como se fosse o último destino que alguém poderia conceber. Ele se levantou. Disse, venha, Hélène. *Venha, Hélène.* Esticou a mão. Eu pensei, ele está louco. Pensei, ainda estamos vivos. Coloquei minha mão na dele. Ele me puxou por entre os outros passageiros em direção à saída e descemos do ônibus. O dia estava bonito. A calçada estava em obras. Nos enfiamos em um labirinto de blocos de concreto e placas de sinalização para atravessar a rue de Rennes. As pessoas caminhavam nos dois sentidos e esbarravam umas nas outras. Uma barulheira tremenda. Igor apertava minha mão. Chegamos ao boulevard Raspail. Eu estava infinitamente grata a ele por não ter me soltado. O sol me cegava. Eu identificava, como se as visse pela primeira vez, as fileiras de árvores no meio da rua, as plantas em seus cercados de ferro forjado azul-esverdeado. Não fazia ideia de onde estávamos indo. Será que ele sabia? Um dia Igor Lorrain tinha me dito, é um erro terem me colocado para viver em sociedade. Deus deveria ter me colocado na savana e me feito tigre. Eu teria reinado sobre meu território ilimitado. Fomos caminhando em direção a Denfert. Ele me disse, você continua pequenininha. Ele continuava alto, só que estava mais parrudo. Eu corria um pouco para acompanhar seus passos.

Jeannette Blot

Estou horrorosa, horrorosa, horrorosa. Não quero nem sair do provador para mostrar para Marguerite. Não posso usar nenhuma roupa justa. Não tenho mais cintura. Meu peito aumentou. Não posso mostrar meu colo. Antigamente, sim. Hoje em dia, não. Ela não tem noção da realidade, a Marguerite. Aliás, ela é uma que está sempre de gola redonda ou com um lencinho no pescoço. Minha filha e minha cunhada enfiaram na cabeça que deviam refazer meu guarda-roupa, não sei com qual objetivo psicológico. Quando comemoramos meus setenta anos, outro dia, Odile me disse, você não se veste, mamãe, você se cobre de panos. — E daí? Quem olha para mim? Ernest que não olha, com certeza. O seu pai nem lembra mais que eu tenho um corpo. No dia seguinte, ela me telefonou para dizer que tinha visto um vestidinho marrom com viés laranja quando estava passando em frente à Franck et Fils. Vai ficar lindo em você, mamãe, ela disse. É verdade que, no manequim da vitrine, o vestido fazia vista. Ficou bom?, Marguerite pergunta detrás da cortina. — Não, não, de jeito nenhum. — Mostra pra mim. — Não, não, não vale a pena! Tento tirar o vestido. O fecho éclair ficou preso. Estou prestes a rasgar tudo. Saio do provador, que é uma cova asfixiante, me ajude a tirar isso, Marguerite! — Deixe-me ver. Você está ótima! Do que você não gostou?

— Não gostei de nada. Tudo horrível. Você conseguiu?
— E a blusa? — Odeio babado. — Mas não tem babado.
— Tem, sim. — Por que você está tão nervosa, Jeannette?
— Porque você e Odile estão me obrigando a ir contra a natureza. Está sendo um calvário, isso de fazer compras.
— O zíper ficou preso. Não se contorça assim. Começo a chorar. As lágrimas vêm de repente. Marguerite está ocupada com as minhas costas. Não quero que ela perceba. É ridículo. A gente engole todas as lágrimas durante anos e eis que começa a chorar sem motivo num provador da Franck et Fils. Está tudo bem?, diz Marguerite. Ela tem ouvido bom. Me irrita, percebe tudo. Definitivamente prefiro as pessoas que não percebem nada. A gente aprende a ficar sozinha. Nos viramos muito bem. Sem ter que dar explicações. Marguerite diz, não se mexa, estou quase conseguindo. Em um livro de Gilbert Cesbron, acho, uma mulher perguntava a seu confessor, devemos ceder à tristeza ou lutar contra ela e contê-la? O confessor tinha respondido, de nada adianta conter suas lágrimas. A tristeza continua alojada em algum lugar. Pronto, Marguerite comemora. Volto ao provador para me arrumar. Coloco minha roupa, tento refrescar o rosto. O vestido escorrega do cabide e cai, eu recolho e o deixo em cima do banquinho como um trapo. Na rua, incentivo Marguerite a abandonar esse projeto de me restituir o coquetismo. Minha cunhada para na frente de todas as vitrines. De roupas, de sapatos, de produtos de couro, até de roupa de cama. Devo dizer que ela mora em Rouen, coitada. Continua tentando me motivar, aqui e ali, mas está claro que é ela quem tem vontade de entrar, tocar numa bolsa, experimentar uma roupa. Eu digo, isso vai ficar bem em você. Vamos lá ver. Ela responde, ah, não, não, já tenho muita coisa inútil, nem sei o que fazer com elas. Eu insisto, esse casaquinho é

bonito, ele vai com tudo. Marguerite balança a cabeça. Receio que seja por delicadeza. Acho isso deprimente, duas mulheres percorrendo uma fileira de lojas de roupa sem querer nada. Não ouso perguntar a Marguerite se existe algum homem em sua vida (que expressão idiota, o que quer dizer ter um homem na vida? Eu, que em teoria tenho um, na verdade não tenho). Quando existe um homem na sua vida, você pensa sobre coisas idiotas, a cor do batom, o formato do sutiã, a cor dos cabelos. Ocupa o tempo. É divertido. Talvez Marguerite tenha esse tipo de preocupação. Eu poderia perguntar, mas tenho medo de uma revelação que me faça sofrer. Já faz muitos anos que não tenho expectativa de nenhuma metamorfose. Quando estava no auge da carreira, Ernest inspecionava minha aparência. O que não tinha nada a ver com carinho. Saíamos com frequência. Eu era um elemento do decoro. Outro dia, levei meu neto Simon ao Louvre, para ver as pinturas do Renascimento italiano. Esse menino é a luz dos meus dias. Aos doze anos, já se interessa por arte. Enquanto eu observava nos quadros aqueles personagens se dissimulando em vestes escuras, os seres cruéis e maléficos dos tempos antigos, caminhando curvados, indo sabe-se lá aonde, pensei, o que foi feito dessas almas maldosas? Elas desapareceram de todos os livros, desapareceram em total impunidade? Pensei em Ernest. Ernest Blot, meu marido, se parece com essas sombras da noite. Traiçoeiro, mentiroso, impiedoso. Onde eu estava com a cabeça quando quis que esse homem me amasse? As mulheres se encantam pelos homens terríveis porque os homens terríveis se apresentam mascarados, como num baile. Eles chegam com bandolins e fantasia de festa. Eu era bonita. Ernest era possessivo, e eu confundia o ciúme com amor. Deixei se passarem quarenta e oito anos. Vivemos na ilusão da repetição, como o sol que se levanta e se deita. Nós nos levantamos e nos deitamos, acreditando repetir o mesmo gesto, mas é mentira. Marguerite não se parece com o irmão. Ela é amável, tem escrúpulos. Ela diz, Jeannette, você ainda quer tentar dirigir? Eu digo, será? Você não acha que é loucura? Começamos a rir. De repente ficamos animadas. Faz trinta anos que não boto a mão num volante. Marguerite diz, vamos encontrar um lugar com pouca gente no Bois de Boulogne. — Está bem, está bem. Procuramos o carro. Marguerite esqueceu onde estacionou e eu esqueci até mesmo como é o carro. Aponto dois ou três para ela antes que encontre o certo. Ela coloca a chave na ignição e gira. Observo seus gestos. Ela pergunta, você trouxe sua habilitação? — Trouxe. Você acha que ela ainda vale? Não existe mais esse tipo de habilitação. Marguerite olha de relance e diz, é igual à minha. — Que carro é esse? — Um Peugeot 207 automático. — Automático! Não sei dirigir carro automático. — É muito fácil. Muito mais fácil que o manual. Não tem que fazer nada. — Ai, ai. Um carro automático! Marguerite diz, não vai contar nada para Odile, você promete? Não quero levar bronca da sua filha. — Não conto nada. Ela me irrita com essa superproteção. Não sou feita de açúcar. Damos algumas voltas pelo bosque em busca de um canto tranquilo. Acabamos descobrindo uma pequena alameda interrompida por uma cerca branca de cinco metros de largura. Marguerite estaciona. Desliga o carro. Nós descemos para trocar de lugar. Rimos um pouco. Eu digo, não sei mais como faz nada, Marguerite. Ela diz, tem dois pedais. O freio e o acelerador. Para os dois, você usa apenas um pé. Seu pé esquerdo não faz nada. Ligue o carro. Eu ligo. O motor ronrona. Eu me viro para Marguerite, entusiasmada por ter ligado o carro com tanta facilidade. Muito bem, diz Marguerite com seu tom professoral (ela é professora de espanhol). Você conseguiu ligar o carro porque você está no P, que significa *parking*. Coloque o cinto. — Será? — Sim, sim. Marguerite se inclina e prende o cinto, que me enforca. Eu digo, estou me sentindo uma prisioneira. — Você já vai se acostumar. Agora coloque o câmbio no D, que é de *drive*, posição de dirigir. Cadê seu pé direito? — Em lugar nenhum. — Coloque no freio. — Por quê? — Porque quando estiver no D, basta tirar o pé, que o carro vai sair. — Será? — Sim. — Pronto. — Coloque no D. Tomo fôlego e coloco no D. Nada acontece. Marguerite diz, vai tirando o pé devagar. Vai, vai, tira o pé todo. Eu tiro todo o pé. Estou muito tensa. O carro começa a andar. Eu digo, está andando! — Agora pisa no acelerador. — Onde fica? — Bem ao lado do freio, bem ao lado. Meu pé tateia, sinto um pedal, piso. O carro para de forma brusca, nos lançando para a frente. O cinto divide meu peito ao meio. O que aconteceu? Você pisou de novo no freio, diz Marguerite. O carro morreu. Recomeçamos. Coloque no P. Ligue o carro. Muito bem. Agora, coloque no N. — O que é N? — Neutro. É o ponto morto. — Ah, o ponto morto! Sim, sim. — Vamos de novo. Freio. *Drive*. Descanse o pé esquerdo, ele não faz nada. — Não sei dirigir carro automático! — Você vai aprender. Pronto. O câmbio no D, e você vai soltando. Muito bem. Agora você desloca um pouquinho o pé para a direita, para encontrar o pedal do acelerador, e pode pisar. Eu me concentro. O carro anda. Prendo a respiração. A cerca ainda está longe, mas eu vou em sua direção sem controle algum. Entro em pânico. Como é que eu freio? Como eu paro? — Pisa no freio. — Continuo no... no... como que chama? — Sim, você continua no D. E quando o carro parar, você coloca de novo no N. No N, não no R! R é marcha a ré. Não use o pé esquerdo! Você está pisando nos dois pedais ao mesmo tempo, Jeannette! O carro para, com um solavanco e um barulho bizarro. Estou coberta de suor. Eu digo, espero que você tenha mais paciência com os seus alunos. — Meus alunos são mais espertos. — Foi você que inventou essa história de voltar a dirigir. — Você está definhando naquele apartamento, você precisa ter mais independência. Ligue de novo. Coloque no P. O que o pé direito faz? — Não sei. — Coloque-o no acelerador, mas sem pisar. Pronto. Coloque no D. E vai. Acelere devagar. As orientações da minha cunhada se esvaem numa parte distante do meu cérebro. Respondo a elas mecanicamente. O nó de tristeza voltou à minha garganta. Tento afastá-lo. Vamos em frente. Para onde você está indo?, pergunta Marguerite. — Não sei. — Você está indo bem na direção da cerca. — Sim. — Você pode virar antes, no gramado. Você contorna a árvore e volta no sentido contrário. Ela me aponta um lugar que não enxergo, porque só consigo olhar para a frente. Desacelera, diz Marguerite, desacelera. Ela me estressa. Não sei mais como desacelerar. Meus braços estão aparafusados ao volante como duas barras de ferro. Vira, vira, Jeannette!, grita Marguerite. Não sei mais onde estou. Marguerite agarrou o volante. A cerca está a dois metros. — Solta o volante, Jeannette! Tira o pé! Ela puxa o freio de mão e aciona o câmbio. O carro freia bruscamente, bate e raspa na cerca branca. Depois para. Marguerite não abre a boca. As lágrimas surgiram de repente e embaçam minha vista. Marguerite sai. Ela contorna o carro por trás para verificar o estrago. Abre minha porta. Diz, com uma voz doce (o que é pior que qualquer outra coisa), desça, vou dar marcha a ré. Ela me ajuda a tirar o cinto. Senta-se no meu lugar e dá ré para afastar o 207 da cerca. Sai de novo. O para-choque esquerdo afundou um pouco, um farol quebrou e a lateral esquerda está arranhada. Eu sussurro, sinto muito, me desculpe. Marguerite diz, você me aprontou uma das boas, hein? — Sinto muito, Marguerite, vou pagar por todo o conserto. Ela me olha, Jeannette, você não vai chorar por causa disso, né? Jeannette, isso é bobagem, querida, quem se importa com um carro amassado? Se você soubesse o tanto de coisas que eu já carimbei por aí na vida; um dia, na frente da escola, quase atropelei um aluno do sétimo ano. Eu disse, me desculpe, me desculpe, estraguei o dia. Vamos, entra no carro, diz Marguerite, vamos tomar um sorvete no Bagatelle. Faz meses que estou querendo voltar lá. Retomamos nossos lugares iniciais no carro. Ela sai sem dificuldade. Dá marcha a ré no gramado com uma destreza que me agonia. Eu entendo as pessoas que gostam quando o tempo está ruim. Assim não lhes ocorre a ideia de sair para ver um jardim florido. Fica tranquila, Jeannette, diz Marguerite. Devo dizer que essa cerca estava nos chamando. Para falar a verdade, eu sabia desde o início que você ia enfiar o carro nela. Abro um sorriso involuntário. E digo, você não pode contar isso nunca para Ernest. — Ahá, você está nas minhas mãos!, diz Marguerite, rindo. Adoro Marguerite. Preferia ter me casado com ela do que com o irmão. Escuto o celular tocar dentro da minha bolsa. Odile botou um toque estridente, porque acha que estou surda. Com exceção de Odile e Ernest, ou meu genro Robert, ninguém me telefona nesse aparelho. — Alô — Mamãe? — Oi. — Onde você está? — No Bois de Boulogne. — Ah. Não precisa ficar preocupada, mas o papai estava almoçando com os amigos dele do Terceiro Círculo e se sentiu mal. O restaurante chamou a ambulância. Eles o levaram ao Pitié. — Um mal-estar?... — Você ainda está com Marguerite? — Estou... — Fizeram boas compras? Eu digo, que tipo de mal-estar? Onde você está, Odile? A voz de Odile está abafada, meio cavernosa. — Estou no Pitié-Salpêtrière. Vão fazer um cateterismo para ver se as safenas dele estão bloqueadas. — Ver o quê? Vão fazer o que com ele? — Estamos aguardando os exames. Não se preocupe. E me diga, você experimentou o vestido da Franck et Fils, mamãe?

Robert Toscano

Subitamente, na saída do necrotério, que eles chamam de anfiteatro, na rue Bruant, no momento em que os rapazes enfiavam o caixão de Ernest no porta-malas, minha sogra, Jeannette, tomada por um terror incompreensível, se recusa a entrar na limusine funerária. Ela deveria ir no carro com Marguerite e o agente funerário, que nesse dia é chamado de mestre de cerimônias, e nós deveríamos segui-los no Volkswagen, eu, Odile e minha mãe, até o crematório do Père-Lachaise. Minha sogra, inusitadamente calçando um sapato de salto, recua (quase caindo) até o muro, como um bicho que querem levar ao abatedouro. Com as costas grudadas no muro, sob uma luz ofuscante, varrendo freneticamente o ar com os braços, ela insta a Mercedes Break a partir sem ela, sob o olhar estarrecido de Marguerite, já sentada no banco de trás. Mamãe, mamãe, diz Odile, se você não quer ir junto com o papai, deixe que eu vou. Você vai com Robert e Zozo. Ela segura delicadamente o braço da mãe para levá-la até o Volkswagen onde minha mãe, abatida pelo calor (o verão chegou de repente), espera, sentada no banco da frente. O agente funerário se precipita para abrir a porta de trás, mas Jeannette balbucia alguma coisa que se revela ser: eu quero ir na frente. Odile cochicha, mas mamãe, por favor, isso não tem importância. — Eu quero seguir Ernest. É o meu marido que está lá dentro! Você quer que eu fique com você, mamãe? Marguerite pode acompanhar o caixão sozinha, diz Odile, lançando para mim um olhar que significa, mude sua mãe de lugar. Com certeza não reagi conforme o esperado, pois Odile já saiu enfiando a cabeça dentro do carro: Zozo, você faria a gentileza de se sentar no banco de trás? Mamãe está angustiada com a ideia de ir na Mercedes. Minha mãe me olha com a expressão de alguém que pensava já ter visto de tudo. Sem nenhuma palavra, lentamente, solta o cinto de segurança, pega sua bolsa e se retira do assento, assinalando o desconforto artrítico do movimento. Obrigada, Zozo, diz Odile, é muito generoso da sua parte. Ainda sem abrir a boca, e com o mesmo peso nos gestos, se abanando com a mão, minha mãe acomoda o corpo no banco de trás. Jeannette se senta na frente sem qualquer palavra de gratidão, com a expressão de quem, de todo modo, já não tem mais lugar neste mundo. Odile entra na Mercedes com a tia e o agente funerário. Eu assumo o volante para segui-los até o Père-Lachaise. Depois de um tempo, Jeannette diz, o rosto pregado no para-brisas e, para além dele, no porta-malas preto da Mercedes, seu marido foi cremado, Zozo? Cremar, repete minha mãe, que palavra curiosa! É a palavra que se usa, diz Jeannette, incinerar é para os resíduos sólidos da cidade. Nunca tinha escutado, diz minha mãe. Meu pai foi enterrado no cemitério de Bagneux, eu intervenho. Jeannette parece refletir sobre a informação, então se vira e diz, você vai querer ficar lá com ele? Boa pergunta, diz minha mãe. Se dependesse só de mim, de forma alguma. Detesto esse Bagneux. Ninguém aparece lá para visitar. Aquele lugar é uma roça. À nossa frente, a Mercedes segue com uma lentidão exasperante. Será que isso faz parte do cerimonial? Paramos no semáforo vermelho. Um silêncio vago se instalou. Estou com calor. Minha gravata me aperta. Vesti um terno grosso demais. Jeannette procura alguma coisa na bolsa. Não suporto esse barulho meio abafado de tinidos e fricções do couro, que emanam desse mexe e remexe. Ainda por cima ela suspira, e eu também não suporto pessoas que suspiram. O que você está procurando, Jeannette?, eu digo, depois de um tempo. — A página do *Le Monde*, não tive sequer tempo de ler. Mergulho minha mão direita dentro da bolsa dela e a ajudo a tirar o artigo dobrado e amarrotado. — Você pode ler em voz alta? Jeannette coloca os óculos e recita com uma voz desolada: «Falecimento de Ernest Blot. Um banqueiro tão influente quanto discreto. Nascido em 1939, Ernest Blot faleceu na noite de 23 de junho, aos setenta e três anos. Com ele se vai uma das figuras do alto escalão das finanças francesas, oriundo do serviço público, cuja diplomacia se comparava apenas à sua discrição. Graduado com louvor na Escola Nacional de Administração em 1965...» com louvor, olha, eu não me lembrava mais disso, «ele integrou a Inspeção Geral de Finanças. Seria membro de diversos gabinetes ministeriais entre 1969 e 1978, assessor técnico...» etc., tudo isso nós sabemos. «Em 1979, ele entra no banco Wurmster, fundado na esteira da Primeira Guerra Mundial, caído um pouco em desuso, do qual se torna diretor-geral e, em 1985, presidente e diretor executivo. Fará dele, aos poucos, uma das maiores instituições francesas, ao lado de Lazard Frères ou Rothschild et Compagnie...» etc... «É autor de uma biografia de Achille Fould, ministro das Finanças da Segunda República (editora Perrin, 1997). Ernest Blot era grande-oficial da Ordem Nacional do Mérito e comendador da Legião de Honra...» Nenhuma palavra sobre a esposa dele. Isso é normal? O Achille Fould eu nunca abri. Vendeu três exemplares. Ler esse livro me dava náuseas. Minha mãe diz, estamos sufocando nesse carro, você pode aumentar o ar, meu amor? Não ligue o ar!, grita Jeannette, não ligue o ar, me dá dor de cabeça. Dou uma olhada no retrovisor. Minha mãe se resignou para não discordar da viúva do dia. Ela acaba de jogar a cabeça para trás e abriu a boca como uma carpa. Jeannette tira da bolsa um ventilador portátil de pás transparentes. — Tome, Zozo, isso ajuda a refrescar. Ela liga. O ventilador faz um barulho de vespa desorientada. Ela dá duas voltas na frente do próprio rosto e o entrega à minha mãe. Não precisa, arqueja minha mãe. — Experimente, Zozo, vai por mim. — Não, obrigada. — Pegue, mamãe, você está com calor. — Eu estou ótima, me deixe em paz. Jeannette passa um pouquinho mais do ventilador dos dois lados do pescoço. Minha mãe diz, com uma voz cavernosa, bem perto do meu ouvido, não perdoo o seu pai por não ter revendido esse jazigo ridículo. Quando eu morrer, Robert, você trate de nos mudar de lugar. Traga-nos para a cidade. Paulette me disse que ainda tinha lugar no setor judaico de Montparnasse. A Mercedes vira à esquerda, numa espécie de giro majestoso, revelando fugidiamente os perfis mudos de Odile e Marguerite. Jeannette diz, não estou sentindo nada. Parece perdida. Os braços ao lado do corpo, a bolsa aberta pousada em cima dos joelhos, o ventilador zunindo na mão inerte. Sinto que preciso responder, fazer um comentário, mas nada me ocorre. Ernest ocupava um lugar importante na minha vida. Ele se interessava pelo meu trabalho (eu lia para ele alguns artigos antes de enviá-los ao jornal), me fazia perguntas, debatia comigo como eu teria gostado que meu pai fizesse (meu pai era atencioso e carinhoso, mas não sabia ser pai de um homem adulto). Nós nos telefonávamos quase todas as manhãs para nos atualizar sobre a Síria, o Irã, criticar a ingenuidade dos ocidentais e a presunção europeia. Era seu cavalo de batalha. O fato de termos passado a dar lição de moral depois de mil anos de massacres. Perdi um amigo que tinha uma visão de mundo. Isso é bastante raro. As pessoas não têm visão de mundo, elas têm apenas opiniões. Falar com Ernest sempre fazia eu me sentir menos sozinho. Sei que ele não deve ter sido sempre fácil para Jeannette. Um dia (ele estava indo fazer uma palestra sobre a questão monetária), ela lhe lançou uma xícara de café na cara. Você é um personagem abjeto, você estragou a minha vida de mulher. Ernest disse, enxugando o paletó, sua vida de mulher? O que é uma vida de mulher? Quando conheci Odile, ele me disse, ela é uma chata de galocha, vou logo avisando, você vai me fazer um favor em tirá-la de casa. E depois, não se preocupe, meu querido, o primeiro casamento é sempre difícil. Eu perguntei a ele, você se casou mais de uma vez? — Não, por isso que te digo. Minha mãe começa a falar no banco de trás. Levo um tempo para voltar dos meus pensamentos e entender as palavras dela. Ela diz, é depois que a gente sente alguma coisa. Quando toda a pompa da morte já passou. Quando a pompa tiver passado, vou sentir apenas rancor, diz Jeannette. Você está exagerando, eu digo. Ela balança a cabeça, o seu foi um bom marido, Zozo? Uh..., diz minha mãe. — O que você está querendo dizer, mamãe? Você era feliz com o papai, não? — Eu não era infeliz. Não. Mas, você sabe, um bom marido não se encontra em qualquer esquina. Subimos a avenue Gambetta em silêncio. As árvores projetam uma sombra oscilante. Jeannette voltou a vasculhar a bolsa. Alguém buzina à minha esquerda. Estou prestes a responder com um xingamento quando percebo, no carro ao lado, os rostos sorridentes (à maneira dos enterros) dos Hutner. Lionel está dirigindo, Pascaline se debruçou na janela para cumprimentar Jeannette. Dou uma olhada rápida para trás. Antes de acelerar, tenho tempo de ver o filho deles, Jacob, sentado no banco de trás, ereto e ensimesmado, com uma espécie de echarpe indiana enrolada no pescoço. Vocês convidaram os Hutner?, diz Jeannette, com uma voz desanimada. — Convidamos nossos amigos mais próximos. Os Hutner gostavam muito de Ernest. — Ah, meu Deus, ter que cumprimentar todas essas pessoas me mata. Tudo isso me mata. Essa formalidade. Por essa merda de crematização. De cremação, eu corrijo. — Ah, sei lá como fala, esse cara do rabecão com essas palavras difíceis! Ela levanta a tampa do espelho no quebra-sol e examina o rosto. Passando batom, ela diz, sabe quem eu convidei? Raoul Barnèche. — Quem é esse? — Tem uma coisa que nenhum de vocês sabe, nem Odile, e que não vai aparecer nos jornais, uma coisa que eu suportei completamente sozinha. Depois das pontes de safena, em 2002, Ernest começou a ficar deprimido. Deprimido, dia e noite, ficava prostrado na poltrona debaixo do quadro do unicórnio, remexendo na comida do prato, recusando qualquer tratamento de reabilitação. Ele pensava que tinha chegado ao fim. Albert, o motorista dele, teve a ideia de apresentar-lhe seu irmão, que é um campeão nas cartas. Esse sujeito, Raoul Barnèche, um homem bonito, você vai ver, uma espécie de Robert Mitchum, ia quase todos os dias jogar Gin Rummy com ele. Eles apostavam dinheiro. Quantias cada vez maiores. Isso fez ele ressuscitar. Precisei pôr um limite antes que ele fosse completamente depenado. Mas isso o salvou. Nós entramos no cemitério, pelo lado da funerária, rue des Rondeaux. A Mercedes para na frente da basílica neogótica. Tem um monte de gente nos degraus e entre as colunas. Compartilho da ansiedade de Jeannette. Odile e Marguerite já saíram do carro. Um homem de preto me indica o estacionamento à esquerda. Digo às duas, vocês querem descer? Nenhuma delas quer descer, e eu as entendo. Estaciono. Contornamos a lateral do prédio. Odile vem ao encontro da mãe. Ela diz, tem mais de cem pessoas, as portas da sala ainda estão fechadas. Reconheço Paola Suares, os Condamine, os Hutner, os filhos de Marguerite, o dr. Ayoun, em cujo consultório tantas vezes acompanhei Ernest. Vejo

Jean Ehrenfried subir os degraus um a um, apoiado em Darius Ardashir, que leva a muleta dele. Um pouco afastado, perto de um arbusto, reconheço Albert, o motorista do meu sogro. Ele está com um outro homem de óculos de mafioso, para quem Jeannette sorri. Eles vêm nos cumprimentar. Albert abraça minha sogra. Quando ele a solta, seus olhos estão úmidos e o rosto parece ter se contraído. Ele diz, vinte e sete anos. Jeannette repete o número. Eu me pergunto se Jeannette tem consciência do que ele pode ter visto e escondido dela durante esses vinte e sete anos. Ela se vira para o homem moreno de paletó de veludo cotelê e dá a mão a ele, é tão gentil você ter vindo, Raoul. O homem tira os óculos e diz, estou emocionado, de verdade. Jeannette não solta a mão dele. Ela a balança com umas batidinhas. Ele deixa que ela o faça, um pouco constrangido. Ela diz, Raoul Barnèche. Ele jogava Gin Rummy com Ernest. É verdade que ele tem um quê de Robert Mitchum. Uma covinha no queixo, o olho inchado e a mecha rebelde. Jeannette está cor-de-rosa. Ele sorri. No terraço do crematório, sob o céu uniformemente azul, enquanto família, amigos e autoridades esperam, minha sogra continua agarrada a esse homem de quem eu nunca tinha ouvido falar. Sinto um movimento ao nosso redor. As portas da sala se abrem entre as colunas. Procuro minha mãe, que desapareceu. Eu a vejo com os Hutner, ao pé da escada. Odile se junta a nós. Ela dá um beijo carinhoso em Jacob, há quanto tempo eu não te vejo, você não para de crescer? Com uma voz baixa, lenta, e um sotaque carregado do Québec, Jacob diz, Odile, sabe que também perdi meu pai, é claro que foi difícil, mas ele tem um lugar reservado no fundo do meu coração. Ele coloca as duas mãos sobrepostas no peito e acrescenta, sei que ele está aqui comigo. Odile me lança um olhar espantado. Baixo minhas pálpebras de uma maneira tranquilizadora. Nos meus lábios se forma algo equivalente a «te explico depois». Seguro o braço de Lionel, cujo rosto ficou mumificado, e posiciono minha mãe do outro lado. Ela se prepara para fazer um comentário enquanto subimos a escada de pedra, mas aperto o braço dela, para que não diga nada. A sala se enche em silêncio. Acomodo minha mãe e os Hutner e saio para fazer meu papel de anfitrião do evento. Cumprimento os membros da família, os primos bretões de Ernest, André Taneux, um colega de Ernest na ENA, que foi o primeiro presidente do Tribunal de Contas, o dono do jornal para o qual eu trabalho (cuja barba ridícula de três dias Odile aprova), os desconhecidos, o diretor do gabinete do ministério de Finanças, o inspetor-chefe da Inspeção Geral de Finanças, os antigos colegas da Inspeção que se apresentam espontaneamente. Darius Ardashir me apresenta o presidente do conselho de administração do Terceiro Círculo. Cruzo com Odile entre os funcionários do banco Wurmster. Ela fez seu penteado de anfitriã dos Toscano. Ela está firme. Sussurra no meu ouvido, Jacob?!... Não tenho tempo de responder, porque o mestre de cerimônias ordena que nos dirijamos para a primeira fileira, onde se encontram Marguerite, os filhos dela e Jeannette. O público se levanta. O caixão de Ernest entrou na nave. Os carregadores o colocam nos cavaletes na parte debaixo dos degraus que levam ao catafalco. O agente funerário se posta no púlpito. Atrás dele, no alto dos dois lances de degraus, uma cidade pintada, meio Jerusalém, meio Babel, salpicada de choupos bíblicos, circunda o estrado num crepúsculo azul estrelado, o extremo do kitsch. O agente sugere alguns instantes de silêncio. Imagino Ernest estendido lá dentro, com seu terno justo, um Lanvin dos anos 1960, escolhido por Jeannette. Penso que um dia eu também sufocarei no baú da morte, completamente sozinho. E Odile também. E a crianças. E todos que estão aqui, graduados ou não, mais ou menos velhos, mais ou menos felizes, empenhados em manter o posto de vivos. Todos, completamente sozinhos. Ernest usou esse terno durante anos. Mesmo quando já estava realmente fora de moda, mesmo quando sua barriga teria sido um impeditivo para o modelo justo, de abotoamento cruzado. Um dia, voltando de Bruxelas, dirigindo a cento e oitenta por hora, Ernest comeu um pacote de batatinhas sabor churrasco, um sanduíche de frango e uma barra de torrone. Menos de cinco minutos depois, virou um sapo-boi asfixiado pelo Lanvin e pelo cinto de segurança. Ele tinha um Peugeot conversível, e chegando em Paris uma pomba cagou em cima dele. Procuro os Hutner. Eles mudaram de lugar para a ponta da fileira, na frente dos Condamine. Jacob está na outra ponta. Modesto e reservado, penso, como alguém que não quer chamar a atenção. André Taneux tomou o lugar do mestre de cerimônias atrás do púlpito. Topete bem escovado e alto, tintura marrom fortíssima (meio violeta sob a luz difusa dos vitrais). Ele insistiu em falar, apesar das reticências de Odile e Jeannette. Desdobra o papel lentamente e ajusta o microfone sem necessidade. «Uma imponente figura se distancia brutalmente, deixando em sua esteira um odor de Gauloise e de aristocracia. Ernest Blot nos deixa. Se hoje intervenho para que minha voz seja ouvida, obrigada, Jeannette, é porque na pessoa de Ernest não perdemos apenas um ser querido. Perdemos um momento feliz da nossa história. Na França, nos dias subsequentes à guerra, vimos surgir diante dos escombros um desses partidos inesperados, capaz de reunir homens de todos os horizontes e de todas as convicções, crentes e ateus, de direita e de esquerda: o Partido da modernização. Era preciso ao mesmo tempo reconstruir o Estado e o tecido empresarial, refazer o caixa e colocá-lo a serviço do crescimento. Nosso amigo Ernest Blot foi uma das figuras emblemáticas desse partido. ENA, Inspeção das

Finanças, gabinetes ministeriais, banco de elite: uma trajetória de vida contínua, em uma época que infelizmente não existe mais, em que os egressos da ENA não eram tecnocratas, mas construtores, em que o Estado não era marcado pelo conservadorismo, e sim pelo progresso, em que os bancos não eram sinônimo de especulações financeiras malucas num cassino globalizado, mas o financiamento obstinado do tecido produtivo. Uma época em que os homens de valor não faziam nem carreira, nem fortuna, mas serviam a seu país, no setor público ou no privado, sem venalidade nem vaidade. Minha tristeza pela perda de Ernest é grande, mas me consolo pensando que um grande homem deixa um mundo que não o representa mais. Descanse em paz, meu amigo, longe de uma época que não o merece.» E você, corra para um cabelereiro, sussurro para Odile. Taneux dobra de novo seu papel, franzindo os lábios, desolado, e volta para seu lugar. O agente espera os passos dele se calarem sobre o mármore. Deixa passar um tempo e então anuncia, sr. Jean Ehrenfried, administrador, ex-presidente e diretor-geral da Safranz-Ulm Electric. Darius Ardashir se inclina sobre Jean para ajudá-lo a se levantar e se apoiar em sua muleta. Jean caminha com passos prudentes, claudicando, em direção ao púlpito. Está magro, pálido, e veste um terno xadrez bege e uma gravata de bolinhas amarelas. Apoia a mão livre no tampo para garantir o equilíbrio. A madeira range e ressoa. Jean olha o caixão, então olha à sua frente, na direção do fundo da sala. Não pega nem papel, nem óculos. «Ernest... você me dizia, o que é que eu vou conseguir dizer de você no seu enterro? E eu respondia, você vai fazer o elogio de um velho judeu apátrida, e vê se tenta ser um pouco profundo uma vez na vida. Eu era mais velho que você, mais doente, não tínhamos previsto a situação inversa... Nós nos telefonávamos regularmente. A frase que sempre voltava: onde você está? Onde você está? Nós vivíamos de um lado para o outro, por causa do trabalho, mas você tinha Plou-Gouzan L'Ic, sua casa perto de Saint-Brieuc. Você tinha sua casa e suas macieiras, num pequeno vale. Quando eu lhe dizia, onde você está?, e você respondia, em Plou-Gouzan L'Ic, eu invejava você. Você estava mesmo em algum lugar. Tinha quarenta macieiras. Fazia a cada ano cento e vinte litros de uma cidra horrorosa que acabei achando boa...» Ele se interrompe. Vacila e segura no púlpito. O agente parece querer intervir, mas ele o impede. «Uma cidra seca, rústica, segundo você mesmo, em garrafas de plástico com tampa de produto de limpeza, bem distante das cidras com rolha e gás dos burgueses. Era a sua cidra. Vinha das suas maçãs, da sua terra... Onde você está agora? Onde você está? Sei que o seu corpo está nesse caixão a dois metros. Mas e você, onde você está? Há pouco tempo, na sala de espera do meu médico, uma paciente falou a seguinte frase: mesmo a vida, depois de algum tempo, é um valor idiota. É verdade que no fim do caminho a gente oscila entre a tentação de confrontar a morte com uma resposta enérgica (recentemente comprei uma bicicleta ergométrica) e a vontade de se deixar ir rumo a um lugar obscuro, desconhecido... Você está me esperando em algum lugar, Ernest?... Onde?...» Talvez essa não fosse a última palavra. Mal se podia ouvi-la, e talvez fosse a primeira sílaba de uma frase abandonada. Jean se cala. Ele se virou quase completamente para o caixão, em muitas etapas ínfimas, tentando não expor seu corpo deteriorado. Seus lábios se entreabrem e se fecham, como o bico de um pássaro faminto. O braço direito segura firme a bengala e a faz oscilar. Ele fica muito tempo nessa posição frágil, como se estivesse sussurrando ao ouvido do morto. Então olha na direção de Darius, que vem logo buscá-lo para ajudá-lo a voltar para seu lugar. Seguro a mão de Odile e vejo que está chorando. O agente, de volta ao microfone, anuncia a transferência do caixão de Ernest Blot para a cremação, a qual, diz, corresponde ao desejo manifestado pelo próprio sr. Blot. O caixão é erguido de novo. O público se levanta. Os carregadores sobem em silêncio os degraus até o catafalco, que parece ridiculamente alto e distante. Um mecanismo começa a funcionar. Ernest desaparece.

Odile Toscano

No último ano de vida, sua avó perdeu um pouco a cabeça, diz Marguerite. Ela queria ir buscar as crianças no povoado. Eu dizia, mamãe, você não tem mais filhos pequenos. Tenho, sim, preciso trazê-los para casa. Íamos buscar os filhos dela em Petit-Quevilly. Eu aproveitava para fazê-la andar. Era divertido ir buscar Ernest e eu, sessenta anos antes. Passamos por Rennes. Marguerite está na janela, ao lado de Robert. Desde o começo da viagem, praticamente só se ouve a voz dela. Dirige-se apenas a mim, em assomos esporádicos (os outros dois se fecharam numa intimidade opaca), exumando diversos episódios do passado dos mortos. Estamos em um desses novos compartimentos modernos, abertos para o corredor. Mamãe está sentada diante de Marguerite, ao meu lado. Ela socou sua mochila esportiva entre nós. Não quis colocá-la no alto, no compartimento para a bagagem. Robert está de cara fechada desde que soube que faríamos uma baldeação em Guingamp. Foi um erro da minha secretária. Ela comprou os bilhetes de ida e volta Paris-Guernonzé com uma troca na ida. Assim que percebeu isso, na estação Montparnasse, Robert nos acusou de querer sempre complicar as coisas, quando teria sido muito simples ir até lá de carro. Saiu andando na frente pela plataforma, intragável, levando a mochila esportiva de listras pretas e rosa, com a urna dentro.

Não consigo entender por que essa mochila. Nem Marguerite. Ela me perguntou, discretamente, por que sua mãe enfiou o Ernest nesse troço? Será que não tinha uma mochila de viagem mais elegante? Pela janela passam depósitos, zonas industriais esparsas e lúgubres. Mais ao longe, loteamentos, campos de terra revirada. Não consigo ajeitar meu encosto. Tenho a impressão de que ele me empurra para a frente. Robert pergunta o que estou tentando fazer. Estou atrapalhando a leitura dele, uma biografia de Aníbal. Na capa, em destaque, a frase de Juvenal: «Que se pesem as cinzas de Aníbal: quantas libras terá esse famoso general?». Mamãe fechou os olhos. Com as mãos pousadas nas coxas, se deixa ninar pelo sacolejo do trem. A cintura da saia está alta demais, por cima da blusa enfiada para dentro de qualquer jeito. Faz tempo que não olho para ela de verdade. Uma mulher em quem ninguém presta atenção, roliça e cansada. Em Cabourg, quando eu era pequena, ela caminhava pelo calçadão com um vestido de musselina justo na cintura. O tecido claro flutuava com o vento, e ela balançava sua bolsa de pano. O trem passa por Lamballe sem parar. Dá tempo de distinguir o estacionamento, a casa vermelha do médico (Marguerite nos diz, quase gritando), os prédios da estação e a igreja fortificada. Todas as silhuetas ficam atenuadas por uma névoa traiçoeira. Penso em papai, que atravessa pela última vez a cidade de sua infância, em pó, dentro de uma mochila esportiva. Eu queria encontrar Rémi. Queria me divertir. E se eu experimentasse os grampos de mamilo que Paola mencionou? Coitada da Paola. Luc faz dela gato e sapato (será que Robert sabe?). Se eu fosse uma amiga generosa, eu a apresentaria para Rémi Grobe. Eles iam se dar bem. Mas quero guardar Rémi só para mim. Rémi me salva de Robert, do tempo e de todo tipo de melancolia. Ontem à noite, Robert e eu ficamos um bom tempo no escuro sem falar nada. Em determinado momento, eu disse, o que o Lionel é para o Jacob agora? Percebi que Robert pensou um pouco, mas não sabia dizer. Parada em Saint-Brieuc. Faixa comprida de casas brancas, uniformes. Um vagão da cooperativa Starlette de Plouaret--Bretagne encalhado nos trilhos de manobra. Coitados dos Hutner. Ao mesmo tempo, com quem mais isso poderia acontecer? O trem volta a andar. Marguerite diz, a próxima parada é Guingamp. Quando vínhamos a Plou-Gouzan L'Ic, descíamos em Saint-Brieuc. Nunca fui para mais longe. Papai nunca me levou para além de Plou-Gouzan L'Ic, o buraco onde ele tinha comprado essa casa bolorenta que ele adorava e eu e mamãe detestávamos. Foi Luc quem arrumou as algemas e os grampos de mamilos, disse Paola. Rémi não tem essas ideias. Mas não sou eu que vou comprar. Na internet? E onde eu peço para entregar? Guingamp, Marguerite grita. Nós nos levantamos como se o trem fosse partir de novo dali a cinco segundos. Robert apanha a mochila esportiva. Marguerite e mamãe correm para a porta. Descida em Guingamp. Uma placa presa a um abrigo de vidro diz Brest. Marguerite diz, vamos ficar aqui. Uma brisa úmida passa pelo meu pescoço. Eu digo, está frio. Marguerite reclama. Não quer ouvir críticas sobre a Bretanha. Está usando um terninho lilás fechado até o pescoço, com uma echarpe de seda cobrindo os ombros. Ela se arrumou toda, como se fosse para um encontro amoroso. No meio da plataforma, no abrigo de vidro, as pessoas estão sentadas num único banco. Viajantes pálidos, grudados uns nos outros diante de um aglomerado de malas. Eu digo, mamãe, você quer se sentar? — Ali dentro? Claro que não. Ela veste o sobretudo. Robert a ajuda. Ela pôs sapatos baixos para a ocasião. Olha para o lado do relógio antigo e na direção do céu, para as nuvens que se deslocam num movimento lento. Ela diz, sabe no que estou pensando? No meu pinheiro austríaco. Adoraria ver a cara dele hoje. Mamãe tinha plantado um pinheiro austríaco entre as macieiras de Plou-Gouzan L'Ic. Papai tinha dito na época, sua mãe acha que vai viver para sempre. Ela comprou uma muda de quinze centímetros porque saía mais barato; ela acha que ainda vai estar aqui para passear em torno dele com o bisneto de Simon. Robert diz, com um pouco de sorte, deve estar batendo no seu ombro, Jeannette, se é que nesse meio-tempo ninguém o arrancou fora junto com as ervas daninhas. Nós rimos. Penso ter ouvido também papai rir dentro da mochila. Mamãe por fim diz, talvez ele tenha tido pouco espaço para crescer no meio das macieiras. Robert sai para andar em direção ao fim da plataforma. As costas do seu paletó estão amarrotadas. Ele caminha margeando os trilhos, segurando firme o objeto que dá sentido à viagem, se equilibrando entre um pé e outro, na tentativa de avistar não se sabe o que na plataforma vazia. O trem que pegamos para ir de Guingamp a Guernonzé produz sons de ferrovias de antigamente. As janelas estão sujas. Passamos por galpões, silos para grãos, depois a vista é tapada pelo guarda-corpo e pelo mato. Ninguém fala nada de relevante. Robert guardou o Aníbal (uns dias atrás, ele me disse a seu respeito: que pessoa maravilhosa) e está mexendo no celular. Guernonzé. O céu abriu. Na saída da estação, passamos por um estacionamento, cercado por prédios brancos de telhados cinza. Do outro lado da praça, um hotel Ibis. Marguerite diz, está tudo tão mudado. Há carros estacionados no meio de uma profusão de cones, postes e árvores pequenas presas em cercas de madeira. Antigamente não tinha nada disso, diz Marguerite. Nem o Ibis, tudo isso é muito recente. Ela segura o braço de mamãe. Atravessamos a rotatória.

Caminhamos por uma calçada estreita margeada de casas desertas, com persianas fechadas. A rua faz uma curva. Os carros que percorrem os dois sentidos passam de raspão pela gente. Ali a ponte, diz Marguerite. — A ponte? — A ponte sobre o Braive. Fico chateada que ela seja tão perto assim da estação. Não esperava que nossa procissão fosse tão breve. Marguerite mostra um prédio do outro lado e diz, a casa dos seus avós era bem atrás. Foi parcialmente demolida. Virou uma lavanderia. Vocês querem ir lá ver? — Não vale a pena. — Onde hoje é o prédio tinha um jardim com um lavadouro em cima do Braive. Nós brincávamos ali. Eu digo, vocês passavam as férias em Guernonzé? — Os verões. E a Páscoa. Mas a Páscoa era sempre triste. A ponte é emoldurada por um guarda-corpo de ferro preto, de onde pendem jardineiras com flores. Carros passam ininterruptamente. Ao longe, uma colina com algumas construções leva Marguerite a dizer, ali no alto era tudo mato. É aqui que vamos jogar as cinzas?, mamãe pergunta. Se você quiser, diz Marguerite. Eu não quero nada, diz mamãe. — Foi aqui que dispersamos as cinzas do papai. — E por que não do outro lado? É mais bonito. Porque a corrente vai nesse sentido, diz Robert. Acho que a imobiliária acabou de abrir, diz Marguerite, apontando para a rua que corre na margem oposta. Marguerite, por favor, pare de dizer o que existia e o que não existia nesta cidade, ninguém está nem aí, isso não interessa a ninguém, diz mamãe. Marguerite fecha a cara. Não me ocorre nenhuma frase apaziguadora, porque concordo com mamãe. Robert abriu a mochila esportiva. Ele tira a urna de metal. Mamãe olha para todos os lados, é um horror fazer isso em plena luz do dia, no meio da cidade. — Não temos escolha, mamãe. — Nunca vi isso. Robert pergunta, quem vai fazer? Você, Robert, você, diz mamãe. Por que não Odile?, diz Marguerite — Robert vai fazer melhor. Robert estende a urna para mim. Não consigo tocar nessa urna. Desde que nos foi entregue no crematório, não tive a menor condição de tocar nela. Eu digo, ela está certa, faça você. Robert abre a primeira tampa e me entrega. Eu a jogo dentro da mochila. Ele gira a segunda tampa, sem tirá-la. Passa o braço por cima da balaustrada. As duas mulheres grudam uma na outra, como pássaros assustados. Robert levanta a segunda tampa e vira a urna de cabeça para baixo. Uma serragem cinza se evade, se dispersa no ar e cai no Braive. Robert me abraça. Olhamos o rio calmo, estriado por ondinhas, e as árvores à sua margem, que se estendem como borrões pretos. Atrás de nós, os carros continuam passando, cada vez mais barulhentos. Marguerite corta uma flor branca de uma jardineira e a joga no rio. A flor é leve demais. Voa para a esquerda e, assim que chega na água, fica presa em um amontoado de pedras. Do outro lado de uma passarela, umas crianças se preparam para um passeio de caiaque. O que fazemos com a urna?, diz mamãe. Jogamos fora, diz Robert, que a colocou de volta na mochila. — Onde? — Numa lixeira. Tem uma presa no muro ali. Sugiro que voltemos para a estação. Vou comprar um vinho para tomarmos enquanto esperamos o trem. Deixamos a ponte. Olho para a água, a fileira de boias amarelas. Digo adeus a papai. Formo com meus lábios um beijinho. Quando chega no muro da esquina, Robert tenta enfiar a mochila esportiva dentro da lixeira. — O que você está fazendo, Robert? Por que você está jogando a mochila fora? — Essa mochila é horrorosa. Você não vai usá-la para nada, Jeannette. — Vou, sim. Eu uso para transportar as coisas. Não jogue fora. Mamãe, eu intervenho, essa mochila guardou as cinzas do papai, não serve para mais nada. Mas que besteira, diz mamãe, essa mochila transportou um vaso, ponto final. Robert, por favor, tire essa porcaria de urna aí de dentro, jogue-a fora e me dê aqui a mochila. — Essa mochila custa dez euros, mamãe! — Eu quero ficar com a mochila! — Por quê? — Porque sim! Já fui idiota demais de vir até aqui, agora quero ter algum poder de escolha. Seu pai está no rio, está tudo perfeitamente bem e eu vou voltar para Paris com a minha mochila. Me dê essa mochila, Robert. Robert esvaziou a mochila e a estende para mamãe. Eu a arranco das mãos dela, mamãe, por favor, isso é um absurdo. Ela agarra a alça choramingando, a mochila é minha, Odile! Eu grito, essa merda vai ficar aqui em Guernonzé! Eu a enfio na lixeira, socando bem fundo. Ouve-se um soluço abrupto e dilacerante. Marguerite levantou as mãos e oferece o rosto aos céus como uma pietá. Eu mesma começo a chorar. Muito bem, você conseguiu, diz mamãe. Robert tenta acalmá-la e afastá-la da lixeira. Ela se debate um pouco, então, enganchada em seu braço, aceita caminhar de volta pela calçada estreita, quase cambaleando, o corpo raspando no muro de pedra. Eu os observo caminhar, ele, com os cabelos compridos demais, o paletó amarrotado, o Aníbal saindo do bolso, e ela, com os sapatos baixos, a saia aparecendo abaixo do sobretudo, e me ocorre que Robert é o mais órfão dos dois. Marguerite assoa o nariz. É o tipo de mulher que sempre tem na manga um lenço de tecido. Dou um beijo nela. Seguro sua mão. Seus dedos quentes enlaçam a palma da minha mão e a apertam. Caminhamos pela calçada, alguns metros atrás de mamãe e Robert. No fim da rua, na frente do estacionamento da estação, Marguerite para diante de uma casa baixa, de portas e janelas emolduradas com tijolo vermelho. Ela diz, Ernest apareceu numa cena de *A batalha dos trilhos*, que foi filmado aqui. — Aqui? — Sim. Seus avós me contaram, eu ainda não tinha nascido. Ele apareceu ali, entre os figurantes, na frente de um bar que não existe mais. Estavam filmando uma carroça de feno. Ernest estava bem atrás da carroça, achou que daria para ver pelo menos suas pernas. Alcançamos Robert e mamãe na rotatória. Ele viu o filme umas cinco ou seis vezes. Mesmo depois de velho, e você é testemunha disso, Jeannette, ele assistia sempre que passava na televisão, com a esperança de ver suas pernas de sete anos.

Jean Ehrenfried

«Há alguns anos, você e eu, Ernest, você se lembra, foi antes de você vender Plou-Gouzan L'Ic, nós fomos pescar. Você tinha comprado um equipamento de pesca que nunca tinha usado e nós fomos pescar truta, carpa ou não sei qual peixe de água doce em um rio perto da sua casa. No caminho, estávamos absurdamente felizes. Eu nunca tinha pescado, nem você, com exceção de alguns crustáceos à beira do mar. Depois de mais ou menos meia hora, talvez menos, uma fisgada. Você começou a puxar, louco de alegria — acho que até cheguei a ajudá-lo — e nós vimos na ponta da linha um peixinho assustado se debatendo. Ficamos assustados também, Ernest, e você me disse, o que a gente faz, o que a gente faz? Eu gritei, solta ele, solta ele! Você conseguiu libertá-lo e jogá-lo de volta na água. Levantamos acampamento na mesma hora. No caminho de volta, nenhuma palavra, nós dois ali meio cabisbaixos. De repente você parou e disse: dois titãs.»

Das Andere

1. Kurt Wolff
   Memórias de um editor

2. Tomas Tranströmer
   Mares do Leste

3. Alberto Manguel
   Com Borges

4. Jerzy Ficowski
   A leitura das cinzas

5. Paul Valéry
   Lições de poética

6. Joseph Czapski
   Proust contra a degradação

7. Joseph Brodsky
   A musa em exílio

8. Abbas Kiarostami
   Nuvens de algodão

9. Zbigniew Herbert
   Um bárbaro no jardim

10. Wisława Szymborska
    Riminhas para crianças grandes

11. Teresa Cremisi
    A Triunfante

12. Ocean Vuong
    Céu noturno crivado de balas

13. Multatuli
    Max Havelaar

14. Etty Hillesum
    Uma vida interrompida

15. W. L. Tochman
    Hoje vamos desenhar a morte

16. Morten R. Strøksnes
    O Livro do Mar

17. Joseph Brodsky
    Poemas de Natal

18. Anna Bikont e Joanna Szczęsna
    Quinquilharias e recordações

19. Roberto Calasso
    A marca do editor

20. Didier Eribon
    Retorno a Reims

21. Goliarda Sapienza
    Ancestral

22. Rossana Campo
    Onde você vai encontrar um outro pai como o meu

23. Ilaria Gaspari
    Lições de felicidade

24. Elisa Shua Dusapin
    Inverno em Sokcho

25. Erika Fatland
    Sovietistão

26. Danilo Kiš
    Homo Poeticus

27. Yasmina Reza
    O deus da carnificina

28. Davide Enia
    Notas para um naufrágio

29. David Foster Wallace
    Um antídoto contra a solidão

30 Ginevra Lamberti
   Por que começo do fim

31 Géraldine Schwarz
   Os amnésicos

32 Massimo Recalcati
   O complexo de Telêmaco

33 Wisława Szymborska
   Correio literário

34 Francesca Mannocchi
   Cada um carregue sua culpa

35 Emanuele Trevi
   Duas vidas

36 Kim Thúy
   Ru

37 Max Lobe
   A Trindade Bantu

38 W. H. Auden
   Aulas sobre Shakespeare

39 Aixa de la Cruz
   Mudar de ideia

40 Natalia Ginzburg
   Não me pergunte jamais

41 Jonas Hassen Khemiri
   A cláusula do pai

42 Edna St. Vincent Millay
   Poemas, solilóquios e sonetos

43 Czesław Miłosz
   Mente cativa

44 Alice Albinia
   Impérios do Indo

45 Simona Vinci
   O medo do medo

46 Krystyna Dąbrowska
   Agência de viagens

47 Hisham Matar
   O retorno

48 Yasmina Reza
   Felizes os felizes

49 Valentina Maini
   O emaranhado

50 Teresa Ciabatti
   A mais amada

Composto em Bembo e Akzidenz Grotesk
Belo Horizonte, 2023